폭신폭신
강아지 폼폼

털실을 돌돌 감아 만드는 표정이 살아있는 강아지들

trikotri 지음 · 박재영 옮김

라의눈

들어가며

털실로 만드는 폼폼은 동글동글, 폭신폭신해서 만지면 포근한 느낌이 듭니다.
어떤 식으로 완성될지 상상력을 살려 실을 감으면 짠! 하고 나타나는 모습은,
확실히 '탄생'이라는 표현이 딱 어울리는 것 같아요.
그러고 보니, 어린아이의 볼록한 배를 보면 폼폼이 연상됩니다.

일본에서는 푸짐하게 식사를 한 후 배가 부른 모습이나 배를 두드렸을 때 나는
소리를 '폼폼'이라고 표현합니다.
프랑스어로 사과를 'pomme'라고 하고,
영어로 포메라니안을 'pom'이라고 부른다고 합니다.

아무튼 동글동글, 귀엽고 재미있고 사랑스럽습니다.
또 부드러워서 기분 좋고 포근합니다.
'폼폼'이라는 소리와 감촉은 제게 이런 이미지의 축적이기도 합니다.

털실 폼폼은 어릴 때 집에 있는 자투리 털실을 두꺼운 종이에 감아서
만든 적이 있다는 사람도 분명히 많을 것입니다.

실을 촘촘하게 감거나 얼굴 부위를 만들어 조립하는 작업은 어릴 때 만든 것보다
좀 더 수고와 시간이 들지도 모릅니다. 하지만 강아지가 짠! 하고 탄생해서
멍! 하고 짖었을 때 그 귀여움은 말로 다 표현할 수 없을 정도랍니다!

만드는 요령을 이해하면 다양하게 연출해서
자신만이 아니라, 친구의 반려견도 꼭 한번 만들어보세요.

약간의 수고를 더하면 즐거움이 훨씬 늘어가는 핸드메이드의 매력.
뭔가를 사랑스럽다고 느꼈을 때의 흡족한 마음.

폼폼을 만들며 이런 점들도 느꼈으면 좋겠습니다.

trikotri

Contents

시바견(붉은색)

진하고 연한 베이지색 실을 사용해서 노르스름하게 구운 빵과 같은 시바견의 털색을 표현했어요. 강아지 폼폼 만들기의 거의 모든 기법이 담겨 있다 해도 과언이 아니랍니다.

HOW TO MAKE > P.41

시바견(흰색, 검은색)

복슬복슬한 흰 털에 분홍색 코가 매력적인 하얀 시바견.
야무지고 늠름한 얼굴을 한 까만 시바견.
가위 끝으로 털 모양을 정리하며 완성하세요.

HOW TO MAKE > P.56

포메라니안

얼굴 주위는 실을 느슨하게 감아 포메라니안의 털 길이를
표현했습니다. 몽실몽실, 폭신폭신해서 손바닥 위에 올리면
행복감에 젖는답니다.

HOW TO MAKE > P.62

토이 푸들(크림, 실버)

보들보들 부드러운 질감의 실을 사용해서 베어 커트와
모히칸 커트를 연출한 푸들 두 마리. 커트 방법이나 귀에 사용하는
실의 양을 바꿔서 다양한 종류의 푸들을 만들어보세요.

HOW TO MAKE > P.59

치와와 (블랙, 크림)

까만 치와와는 얼굴 주위의 실을 느슨하게 감아서 롱코트로 만들었습니다. 실의 색상과 눈의 부자재를 바꿔서 응용 버전도 만들어보세요.

HOW TO MAKE > P.64

12

프렌치 불독

개성만점 네모난 얼굴은 처음에 대략적인 모양을 만든 뒤,
움푹 들어간 이마와 주름, 눈꺼풀 등 점점 세부적인 부분을
만들어나갑니다.

HOW TO MAKE > P.66

시추

얼굴의 커트나 귀의 길이 등 연출에 따라 다양한 분위기의
강아지가 완성될 것 같아요. 나중에 니들 펠트용 바늘로
실을 추가해서 털을 길게 해도 됩니다.

HOW TO MAKE > P.68

재패니즈 친

흰색과 검은색 실의 분량을 바꾸거나, 눈의 방향으로도
여러 가지 표정을 즐길 수 있으니 조금 성격이 다른 형제를
만들어도 좋을 것 같아요.

HOW TO MAKE > P.70

미니어처 닥스훈트

하나의 폼폼에서 머즐(코와 주둥이 부분-옮긴이) 부분을
길게 남긴 뒤 깎아 다듬어서 모양을 만들었습니다. 동그란
눈동자를 눈꺼풀로 에워싸면 순식간에 표정이 살아나죠.

HOW TO MAKE > P.72

웰시 코기

바짝 세운 귀에 동그란 눈동자. 늠름하고 용감한 면도 있어서
소나 양을 쫓는 목양견으로 활약했다고 하죠. 목 부분의 털은
폭신폭신하게 남겼습니다.

HOW TO MAKE > P.73

비글

머즐을 남긴 채, 전체를 짧게 깎아서 털이 짧고 근육질인
비글의 모질과 비슷하게 만들었습니다. 갈색 눈을 에워싼
아이라인은 꼭 닮게 완성하기 위한 비법.

HOW TO MAKE > P.74

아키타견

시바견의 털색과 많이 비슷하지만, 이목구비를 좀 더
중심에 가까이하면 얼굴 생김새가 아키타견다워집니다.
동그란 눈동자 위의 빼꼼. 튀어나온 눈썹이 포인트.

HOW TO MAKE > P.58

미니어처 핀셔

탄탄하고 날씬한 얼굴과 바짝 선 큰 귀가 포인트.
'탈주의 예술가 Escape Artist' 라고 불릴 정도로 장난꾸러기며
호기심이 왕성한 면도 있다고 하네요.

HOW TO MAKE > P.75

요크셔테리어

코 주위의 복슬복슬한 느낌을 연출하기 위해 마무리할 때
다른 실을 찔러 더했습니다. 성장과 함께 변화하는 털색
때문에 '움직이는 보석'이라고 불리기도 한다는군요.

HOW TO MAKE > P.76

미니어처 슈나우저

슈나우저의 이름은 독일어 '슈나우츠(Schnauz, 코밑수염)'에서
유래됐다고 합니다. 입 주위의 실을 듬뿍 감아서 부피감을
표현했어요.

HOW TO MAKE > P.77

퍼그

쭈글쭈글하지만 애교 넘치는 얼굴.
처음에 대충 잘라서 모양을 만든 뒤 세부적인 부분을 만듭니다.

HOW TO MAKE > P.80

비숑프리제

폭신하고 부드러운 실로 폼폼을 만들면 조금 손보기만 해도
표정이 살아난답니다. 귀는 둥글게 자른 털 속에 숨어 있다는
설정입니다.

HOW TO MAKE > P.79

불테리어

어딘지 재미있는, 시치미를 떼는 듯한 얼굴과는
정반대로 예민하고 매우 똑똑한 면도 있다고 합니다.
얼룩 색이나 크기, 귀의 색을 응용해도 좋습니다.

HOW TO MAKE > P.82

강아지

시바견(붉은색, 검은색), 포메라니안, 골든 리트리버

전부 모아도 손바닥 위에 올릴 수 있는 정도로 자그마한
강아지들. 웃는 얼굴, 화난 얼굴, 새침한 얼굴, 조금 매정한
얼굴도 보이는군요. 만나기를 기대하며 열중해서 만들면
귀엽지 않을 리가 없겠지요?

HOW TO MAKE > P.84

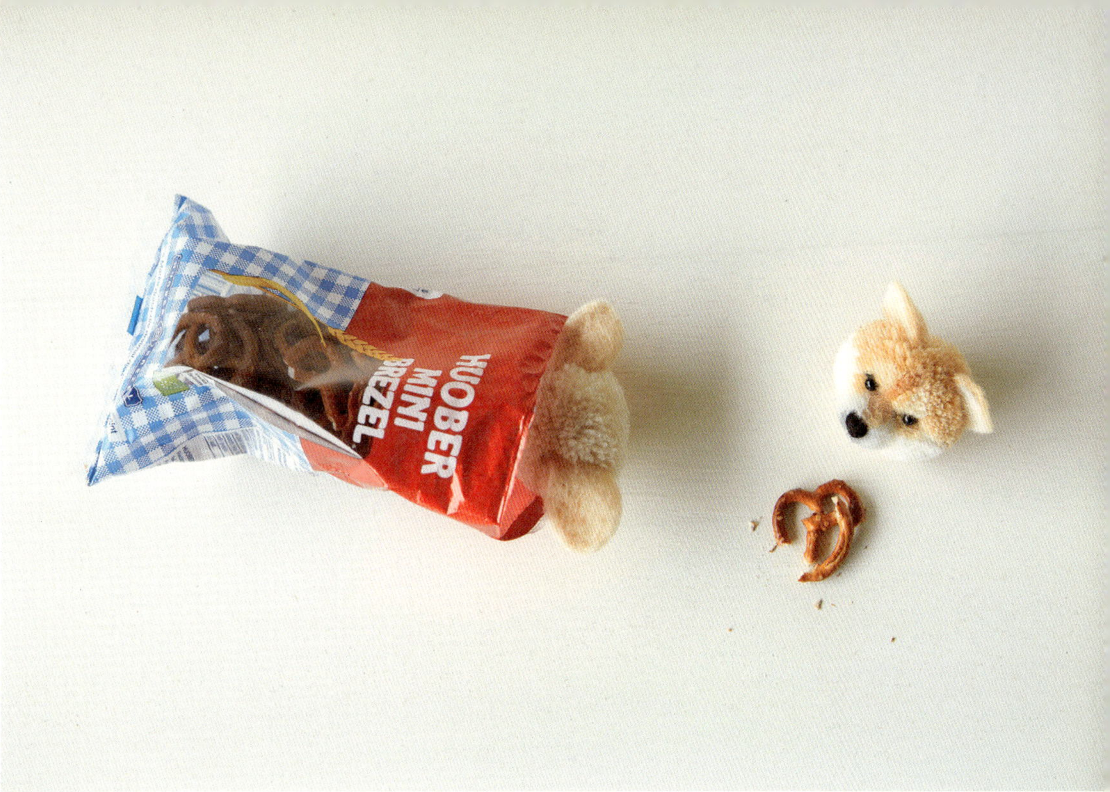
HUOBER
MINI
BREZEL

BEN&
JERRY'S
Spoon
Inside!
Vanilla
HOMEMADE
ICE CREAM

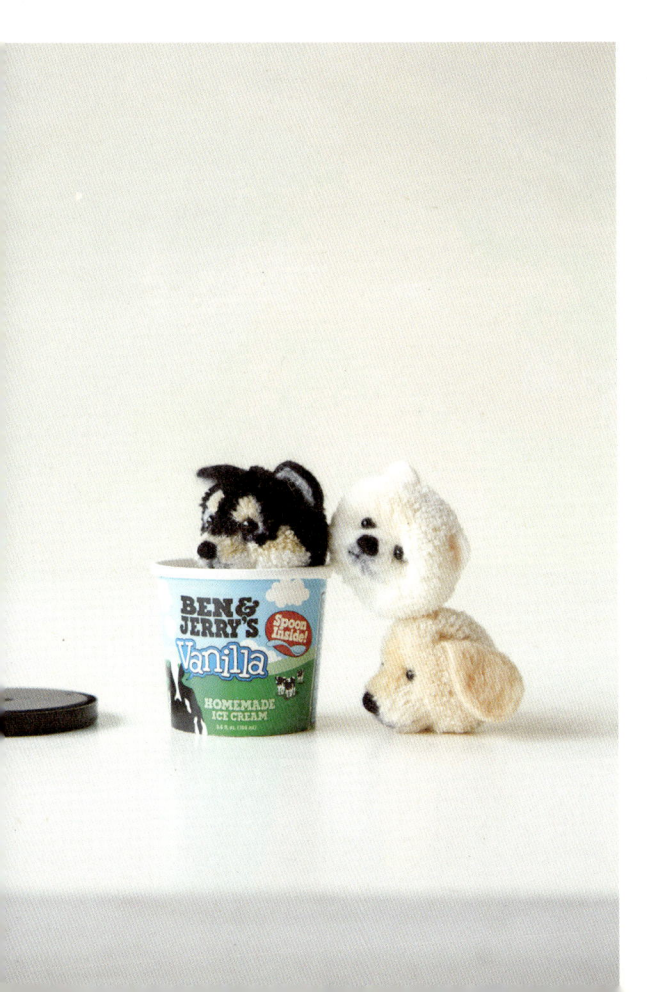

달마티안

얼굴의 크기나 점박이 수를 바꾸거나
귀의 색을 흰색 바탕으로 해보세요.
무늬가 다른 형제, 친척 등을 늘리고 싶어질 걸요.

HOW TO MAKE > P.88

래브라도 리트리버(옐로, 블랙)

온순하고 사람을 잘 따를 것 같은 시선. 호기심이 왕성해서
개구쟁이 같은 면도 있다고 합니다.
눈가에 흰자위를 조금 넣으면, 당장이라도 말을 할 듯한 표정이 됩니다.

HOW TO MAKE > P.90

골든 리트리버

긴 금색 털로 뒤덮여서 친절하고 다정한 듯한 얼굴.
커다란 혀를 내밀며 미소 짓고 있는 것 같군요.

HOW TO MAKE > P.92

세인트 버나드

축 처진 큰 귀와 아래로 내려간 눈꼬리가 포인트.
알프스의 눈 덮인 산에서 조난자를 살리는 구조견
으로 활약했다고 하죠.

HOW TO MAKE > P.94

시베리안 허스키

단정한 용모와 보석 같은 파란 눈동자가 인상적입니다.
선명한 아이라인도 포인트.

HOW TO MAKE > P.87

◎ **도구와 재료**　이 책에서 사용하는 재료와 도구입니다. 각 작품의 상세한 재료는 41쪽부터 시작되는 만들기 페이지에 실었습니다.

❶ 슈퍼 폼폼 메이커

폼폼 메이커를 사용하면 예쁜 폼폼을 쉽게 만들 수 있어요. 만들고 싶은 폼폼의 크기에 따라 폼폼 메이커의 크기를 구분해서 사용하세요.

(연두색: 65mm · 노란색: 45mm / ㈜클로버 제품)

❷ 털실

폼폼 메이커에 감아서 강아지 폼폼의 기본이 되는 폼폼을 만듭니다. 36쪽 참조.

❸ 양모

니들 펠트용 바늘을 찔러서 강아지 폼폼의 귀와 코, 입 등을 만듭니다. 37쪽 참조.

❹ 연줄

폼폼의 중심을 묶을 때 사용합니다. 굵기는 5~6호 정도를 추천. 약 40cm 정도의 길이로 잘라서 사용하세요.

❺ 레이스실

18~20호에 가까운 실을 사용하세요. 귀를 연결할 때나 강아지의 중심을 묶을 때 사용합니다. 3~4호 정도의 가는 연줄을 사용해도 됩니다.

❻ 가위

날이 예리해서 잘 드는 수예용 또는 패치워크용 가위를 선택하세요. 커브형 가위가 있으면 세세하게 움푹 들어간 부분을 만들 때 훨씬 편리합니다.(파란색: 컷워크 가위 115, 빨간색: 컷워크 가위 커브형 115 / ㈜클로버 제품)

❼ 수예용 접착제

폼폼의 매듭에 발라서 보강하거나 눈과 코 등의 부자재를 붙일 때 사용. 목공용 접착제도 좋습니다.

❽ 패브릭용 스탬프잉크

양모로 만든 귀를 착색할 때 사용합니다.(Versa Craft S / 쓰키네코 제품)

❾ 두꺼운 종이

실을 감아서 귀를 만들 때 사용합니다. 눈금이 들어간 공작용 종이가 편리합니다.

❿ 시침핀

폼폼을 잘라서 얼굴 모양을 만들 때 머리 꼭대기 부분에 꽂아서 표시합니다.

⓫ 털실용 돗바늘

본체와 귀를 연결할 때 사용. 연결용 연줄이나 레이스실은 바늘구멍에 꿸 수 있는 굵기를 선택하세요.

⓬ 이쑤시개

눈이나 귀 부분에 접착제를 바를 때 사용합니다.

⓭ 니들 펠트용 바늘

양모를 콕콕 찔러 귀나 눈을 만들 때 사용합니다. 털실끼리 찔러서 연결하거나 뭉치는 등 다양한 과정에서도 쓰입니다. 레귤러 바늘이 있으면 니들을 사용하는 모든 과정을 처리할 수 있는데, 스피드 바늘을 사용하면 좀 더 효율적으로 작업할 수 있어요.

＊이 책에서는 니들 펠트용 바늘로 약칭.(왼쪽: 레귤러 바늘, 오른쪽: 스피드 바늘 / ㈜클로버 제품)

⓮ 니들 펠트용 펀칭 매트

니들 펠트용 바늘을 사용하여 양모를 콕콕 찔러 뭉칠 때 받침으로 사용합니다.

◎ 실

iroiro

이 책에서는 다양한 종류의 강아지 털색이나 질감, 무늬를 표현하기 위해서 배색이 풍부한 울 100퍼센트 실을 사용했습니다.

1	오프화이트
2	머시룸
3	허니 베이지
4	콩가루
5	피넛버터
6	차이
7	넛멕
8	벽돌
9	샌드 베이지
10	삼고양이
11	브라우니
40	벚꽃
47	검은색
48	다크 그레이
49	그레이
50	라이트 그레이

양털에 가까운 메리노울

1	무표백색(크림색)
2	베이지
8	라이트 그레이

이 책의 작품은 다루마DARUMA의 실을 사용했습니다.
실에 관해서는 아래의 문의처를 참고하세요.
요코타 주식회사 · DARUMA
우 541-0058
일본 오사카시 주오구 미나미큐호지마치 2-5-14
TEL 06-6251-2183
http://www.daruma-ito.co.jp/

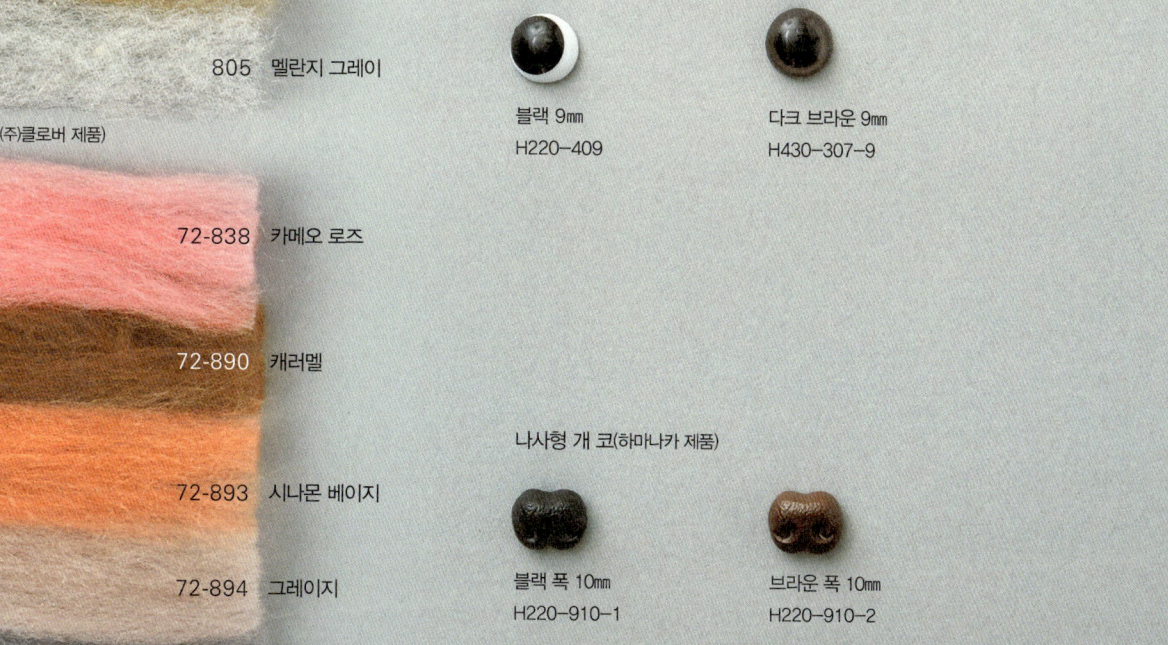

◎ 양모　니들 펠트용 바늘로 콕콕 찔러 강아지 폼폼의 귀와 코, 입 등을 만듭니다.

◎ 눈, 코　색상과 크기 등 다양한 종류의 제품이 시중에 판매되고 있어요. 자신이 원하는 표정을 만들 수 있도록 부자재를 바꿔서 연출해도 좋습니다.

펠트 양모(하마나카 제품)

1 흰색

9 검은색

22 연분홍색

29 크림색

31 초콜릿색

802 연베이지

803 카멜

805 멜란지 그레이

퍼프 울((주)클로버 제품)

72-838 카메오 로즈

72-890 캐러멜

72-893 시나몬 베이지

72-894 그레이지

72-897 그레이

나사형 눈

검은색 5mm　　검은색 6mm　　검은색 8mm

크리스탈 아이(하마나카 제품)

브라운 6mm　　브라운 7.5mm　　크리스탈 블루 6mm　　크리스탈 브라운 6mm
H220-106-2　H220-107-2　　H220-106-18　　H220-106-17

코믹 아이(하마나카 제품)　　플라스틱 아이(하마나카 제품)

블랙 9mm　　　　다크 브라운 9mm
H220-409　　　H430-307-9

나사형 개 코(하마나카 제품)

블랙 폭 10mm　　　브라운 폭 10mm
H220-910-1　　　H220-910-2

37

폼폼 만들기

실을 감기 시작할 때와 다 감았을 때의 끝부분 처리, 연줄을 묶는 방법 등 폼폼 만들기의 기본 및 주의할 점을 소개합니다. 색을 표현하는 방법을 쉽게 알 수 있도록 실 색상을 두 가지로 사용했습니다.

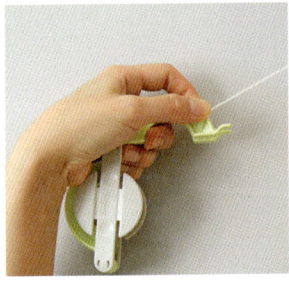

1 폼폼 메이커의 날개를 가지런히 펴서 잡고, 실 끝을 엄지손가락으로 누른 상태에서 실을 날개에 감습니다. 실 끝에 겹쳐서 3~4회 정도 감은 뒤 엄지손가락을 뗍니다. 실은 팽팽하게 잡아당기면서 감으세요.

2 오른쪽 끝에서 왼쪽 끝까지 조금씩 겹치지 않게 실을 감습니다. 때때로 날개 안쪽의 실을 채워 넣으며 방사형으로 감습니다. 65mm짜리 폼폼 메이커에 중세사 iroiro를 사용할 경우, 이 책에서는 날개 끝에서 끝까지 60회를 감았습니다.

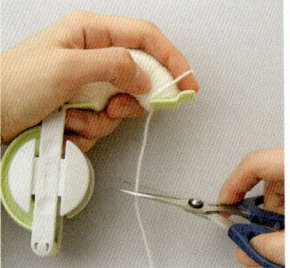

3 왼쪽 끝까지 다 감으면 이번에는 왼쪽에서 오른쪽으로 감습니다. 이를 몇 겹씩 반복합니다.(이 책에서는 8~10겹을 감았습니다.)

4 다 감고 남은 실은 집게손가락으로 한 번 감아서 4~5cm 정도 고리를 만들어 남기고 자릅니다. 실 끝을 손가락 끝에 한 번 감아 만든 고리 속에 통과시켜서 잡아당기고, 날개에서 1cm 정도 간격을 두고 자릅니다. 중간에 실 색상을 바꿀 경우에도 똑같은 방법으로 실 끝을 처리합니다.

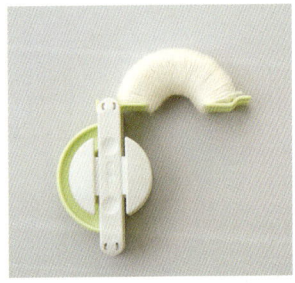

5 지정한 횟수만큼 실을 다 감고 나면 날개를 닫습니다. 반대쪽도 똑같은 방법으로 실을 감습니다.

6 날개와 날개 사이에 가위 끝을 넣어서 실을 자릅니다. 두께가 있어서 자르기 어려운 경우에는 가윗날 끝을 이용해서 조금씩 자르세요. 감은 실을 한 바퀴 빙 돌아가며 자릅니다.

실을 감는 횟수가 많을 때

감는 횟수가 많을 때는 실을 두 줄로 하면 횟수가 반으로 줄어듭니다. 실이 한 타래뿐이라도 바깥쪽과 안쪽의 실 끝을 함께 잡으면 두 줄을 만들 수 있습니다.

색을 섞어서 감는다

두 가지 색 이상의 실을 함께 감으면 믹스 색상의 폼폼이 완성됩니다.

38

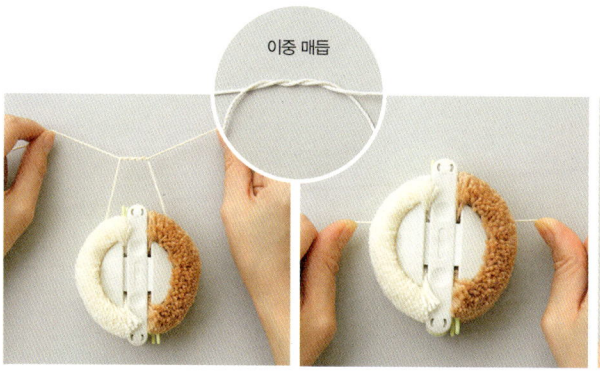

7 실을 잘라서 생긴 틈새에 연줄을 걸친 뒤 두 번 감아 꽉 잡아당겨 묶습니다.(이중 매듭) 매듭 위치에 관한 설명은 43쪽을 참고하세요.

8 반대쪽에 연줄을 걸친 뒤 8과 마찬가지로 두 번 감아 꽉 잡아당겨 묶습니다.(이중 매듭)

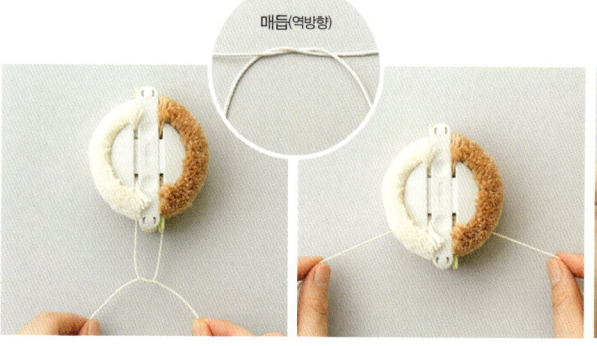

9 같은 위치에서 다시 한 번 묶습니다. 이때 8의 이중 매듭과는 반대 방향으로 실을 감으면 튼튼한 매듭이 완성됩니다.

10 양 날개를 펴서 폼폼을 꺼냅니다.

11 손바닥 사이에서 굴리면 공 모양이 됩니다.

12 연줄 매듭에 접착제를 발라서 보강합니다.

13 튀어나온 실을 잘라서 전체적인 모양을 잡습니다.

실을 보관하는 방법

실 포장지의 색상 번호 부분을 오려서 같은 색상의 실을 20㎝ 정도로 잘라 묶어 택을 만들어놓으면 편리합니다. 나무 클립을 사용해서 쓰다 남은 실타래와 함께 끼워 놓으면 색상 번호를 즉시 알 수 있어요. 또한, 양이 줄어든 실은 사진처럼 나무 집개에 감아 놓으면 마지막까지 남김없이 사용할 수 있답니다.

41쪽, 56쪽 이후에 실린 만들기 장을 보는 방법에 관한 설명입니다.

작품이 실린 쪽 수입니다.

사용하는 실이나 다른 재료에 관한 자세한 사항은 36~37쪽을 참조하세요. 괄호 안 색깔 동그라미는 실 감기 도안 속의 색과 같습니다. 숫자는 실 색상 번호입니다.
작품 페이지의 사진에서 혀나 턱이 달린 작품에는 ∗로 각각의 재료를 소개했습니다.

아키타견

→ p.21

작품의 대략적인 완성 치수와 사용하는 폼폼 메이커의 크기입니다.

◉ 완성 치수(대략)
… 가로 65㎜×세로 70㎜×두께 68㎜
◉ 폼폼 메이커 … 65㎜

재료

본체	: iroiro (○1) (●3) (●4) (●5) (●49)
귀의 기초	: iroiro (●4)
귀의 안쪽	: 양모(흰색) … 소량
눈	: 나사형 눈(검은색 6㎜) … 2개
아이라인	: 양모(검은색) … 소량
눈썹	: iroiro (●49) … 5cm×2줄
코	: 양모(검은색) … 소량
코~입 라인	: 양모(검은색) … 소량

무슨 실을 어느 위치에 몇 번씩 감아야 하는지를 나타냅니다. ①②③…은 실을 감는 순서, 그 뒤에 오는 숫자는 실을 감는 횟수입니다. 도안의 1칸은 실을 한 번 감는 것을 표시합니다.(기준)

연줄을 묶는 위치입니다.

실 감기 도안

65㎜
∗ … 2줄 가능

⑦13

⑥36

②25

⑤51 ④70

②128

②23

④260

②298

⑦20

뒤
쪽

정면

만드는 방법

1 65㎜짜리 폼폼 메이커에 ①~⑫의 순서로 실을 감아서 폼폼을 만든다.
⇒ 38~39쪽, 42~43쪽 참조

2 실을 다 감은 상태의 사진에서 점선 부분(머즐)의 실을 니들 펠트용 바늘로 콕콕 찔러 중심으로 모은다. ⇒ 44쪽 참조

참조 페이지를 나타냅니다.

3 실을 자르는 기준을 참고하여 2에서 모아 놓은 머즐 주위와 턱 밑의 실을 자르고, 여러 각도에서 모양을 확인!하여 폼폼을 잘라 울룩불룩한 얼굴을 만든다. 다시 니들 펠트용 바늘로 머즐을 콕콕 찔러 뭉친 뒤 잘라서 모양을 잡는다. ⇒ 45쪽 참조

4 눈을 접착제로 붙인다. 검은색 양모를 사용해서 코를 만든 뒤 니들 펠트용 바늘로 찔러 본체에 고정한다. ⇒ 46쪽 참조

실을 폼폼 메이커의 아래쪽 날개에 감을 때는 앞뒤가 바뀌지 않도록 실 감기 도안을 위아래로 뒤집어서 방향을 확인하세요.

5 소량의 검은색 양모를 니들 펠트용 바늘로 콕콕 찔러 코에서 입으로 이어지는 라인을 넣는다. ⇒ 47쪽 참조

6 귀를 만든다. ● 4번 실을 지정한 크기의 두꺼운 종이에 느슨하게 40회 감는다. 전체의 폭이 약 3.8cm가 될 때까지 니들 펠트용 바늘로 찔러 연결하여 잘라서 귀의 기초를 만든다. 소량의 흰색 양모를 니들 펠트용 바늘로 콕콕 찔러 얇은 시트 모양을 만든 뒤 잘라서, 기초의 안쪽에 찔러 고정한다. 본체의 귀 부착 위치에 끼워 넣고 니들 펠트용 바늘로 콕콕 찔러 고정한다. ⇒ 48~49쪽 참조

얼굴 모양으로 자르기 전인 폼폼을 정면에서 본 상태. 자른 실을 폼폼 메이커에서 꺼내면 이 사진을 참고해서 무늬나 폼폼의 모양을 잡은 뒤 다음 과정으로 넘어가세요. 점선 부분은 머즐이 되는 범위를 나타냅니다.

귀 두꺼운 종이 가로 5.5cm×세로 4cm
∗패턴은 권말 참조

4cm

4.5cm

실을 다 감은 상태

7 ● 49번 실을 5cm×2줄 준비해서 각각의 눈 주위를 에워싸듯, 빙 둘러 한 줄씩 가운데 부분을 니들 펠트용 바늘로 콕콕 찌르고 여분을 잘라낸다.⑦ 1~2

두꺼운 종이에 실을 감아 귀를 만들 경우, 두꺼운 종이의 크기와 실을 감는 범위입니다.

실을 자르는 기준 / 귀 부착 위치

58

정면

오른쪽

위

왼쪽

아래

⑦-1

⑦-2

참조 사진을 나타냅니다.

8 전체의 균형을 확인하며 잘라서 마무리하면 완성.

여러 각도에서 바라본 작품의 사진입니다. 점선은 폼폼을 자르기 전의 윤곽을 나타냅니다. 실을 잘라서 모양을 만들 때 참고하세요. 회색으로 칠한 부분은 귀의 실루엣, 녹색 선은 귀 연결 부위의 위치를 나타냅니다.

강아지 폼폼을 만드는 방법

35~39쪽을 참고로 즉시 강아지 폼폼을 만들어보겠습니다. 시바견 만들기로 과정을 설명하겠습니다.

시바견(붉은색)

→ p.8

◉ 완성 치수(대략)

… 가로 65mm×세로 68mm×두께 68mm

◉ 폼폼 메이커 … 65mm

재료

본체	: iroiro (○1) (●3) (●4) (●5) (●49)
귀의 기초	: iroiro (●4)
귀의 안쪽	: 양모(흰색) … 소량
눈	: 나사형 눈(검은색 6mm) … 2개
아이라인	: 양모(검은색) … 소량
코	: 양모(검은색) … 소량
코~입 라인	: 양모(검은색) … 소량

실 감기 도안

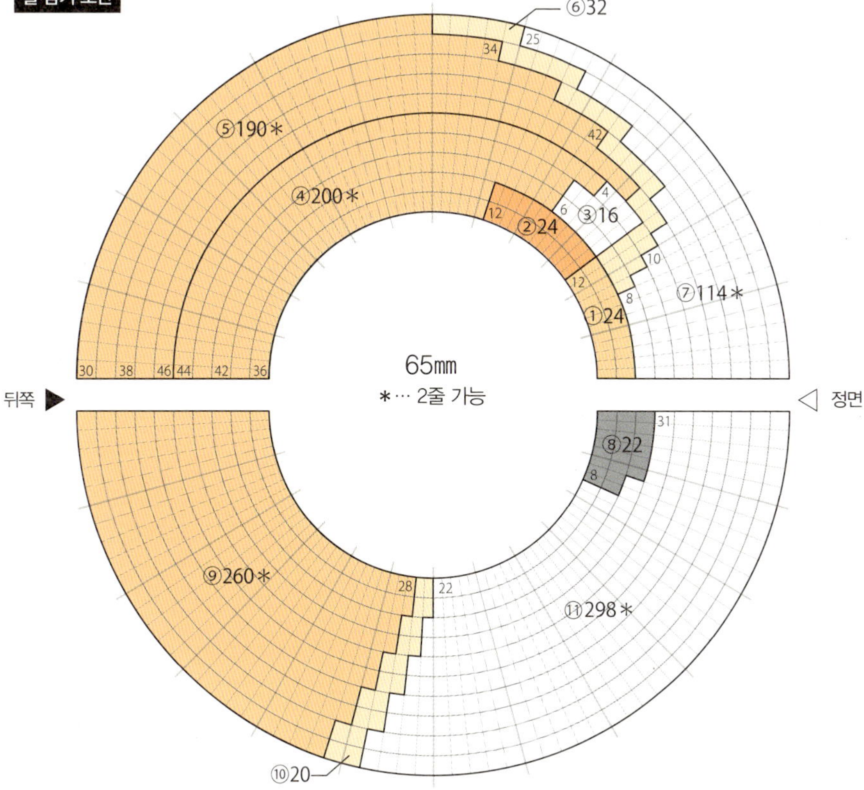

⑥32
34 25
⑤190＊
④200＊
42
⑫ 12 4
②24 6 ③16
⑫ 12 10
①24 8 ⑦114＊
30 38 46 44 42 36

65mm
＊… 2줄 가능

◀ 뒤쪽   정면 ◁

31
⑧22
8
⑨260＊
28 22
⑪298＊
⑩20

귀

두꺼운 종이 가로 5.5cm×세로 4cm

＊패턴은 권말 참조

4cm

4.5cm

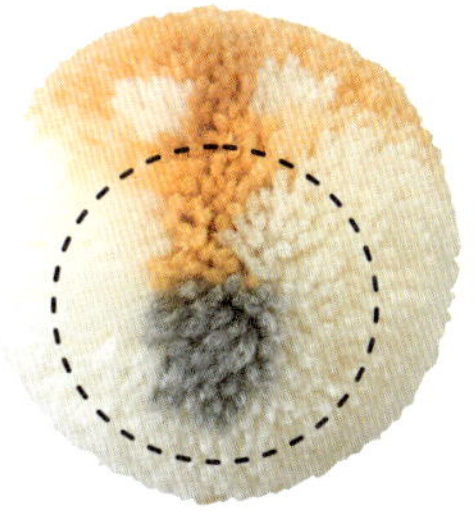

실을 다 감은 상태

41

기초 폼폼을 만든다

1 폼폼 만들기(38쪽 참조)와 똑같은 순서로 폼폼 메이커에 실을 감습니다. '＊2줄 가능' 부분 외에는 실 한 줄을 사용해서 좌우로 왕복하며 층이 되도록 감습니다. 도안 속의 한 칸은 실을 한 번 감는 것을 뜻합니다.

①의 부분

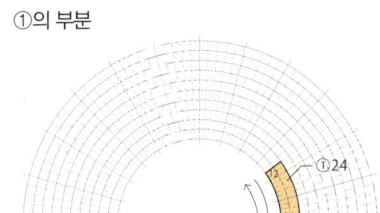

①24

②의 부분

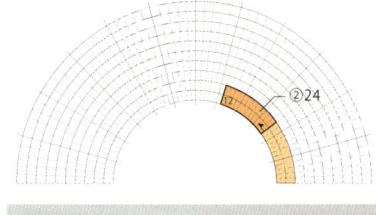

②24

③의 부분

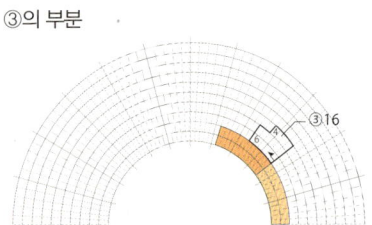

③16

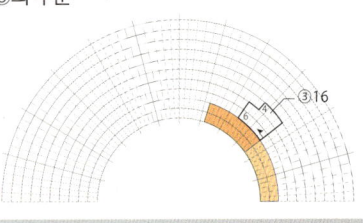

④의 부분 ＊2줄 가능

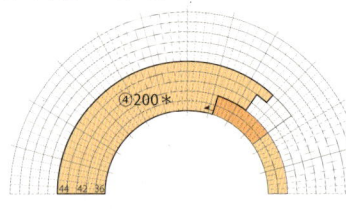

④200＊

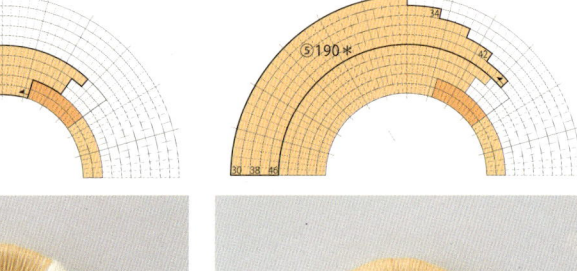

⑤의 부분 ＊2줄 가능

⑤190＊

⑥의 부분

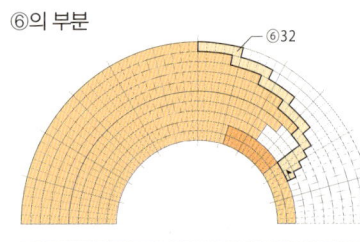

⑥32

⑦의 부분 ＊2줄 가능

⑦114＊

위쪽에 실을 다 감으면 날개를 닫습니다.

⑧의 부분

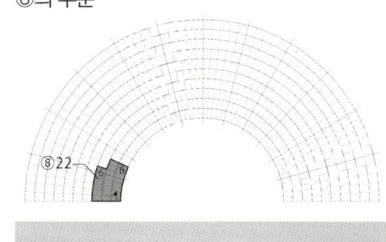

⑧22

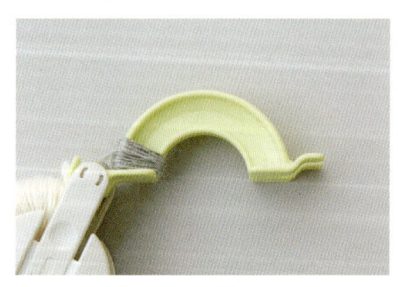

반대쪽 날개를 펴서 아래쪽에 실을 감습니다.

⑨의 부분 *2줄 가능

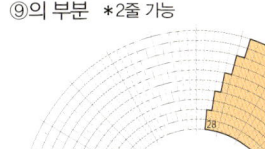

⑨260 *

⑩의 부분

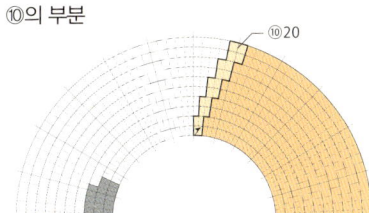

⑩20

⑪의 부분 *2줄 가능

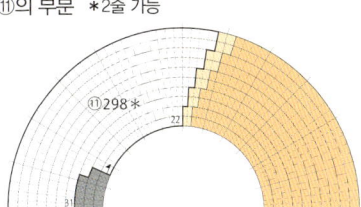

⑪298 *

실을 감는 횟수가 많을 경우에는 실이 뭉개지지 않도록 손가락으로 꾹 눌러 가며 감습니다.

실을 다 감은 상태.

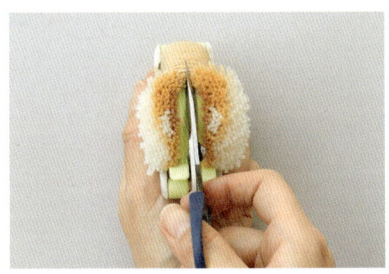

2 폼폼의 날개와 날개 사이에 가위 끝을 넣어서 실을 자릅니다.

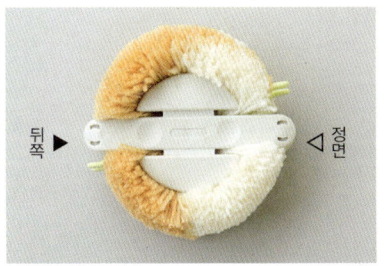

뒤쪽 ▶ ◁ 정면

3 39쪽의 순서 7~9를 참조해서 연줄을 감아 묶습니다. 처음에 정면 쪽에서 이중 매듭을 짓고, 뒤쪽에서 이중 매듭을 지은 후 똑같은 위치에서 매듭(역방향)을 마무리합니다. 마찬가지로 39쪽의 순서 10~13을 참조해서 완성하세요.

* 키홀더 등과 같이 매다는 타입으로 완성할 경우에는 55쪽을 참조하세요.

기초 폼폼이 완성되었습니다.

머즐을 만든다

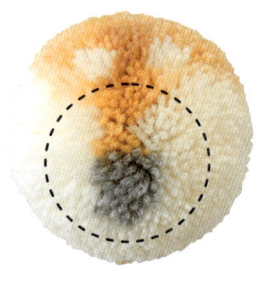

얼굴 모양을 만듭니다. 머리 꼭대기 부분에
시침핀을 꽂아서 표시하면 좋습니다.

왼쪽 사진에서 점선 부분(머즐)의 실을 니들 펠트용 바늘로 콕콕 찔러 주위에서 중심으로 모읍니다.

폼폼의 전체를 자른다

'실을 자르는 기준 / 귀 부착 위치' 의 사진을 참고해서 실을 가위로 잘라
올록볼록한 얼굴을 연출합니다.

〔‑‑〕 자르기 전의 폼폼 모양

● 귀 모양

━━ 귀 부착 위치

실을 자르는 기준 / 귀 부착 위치

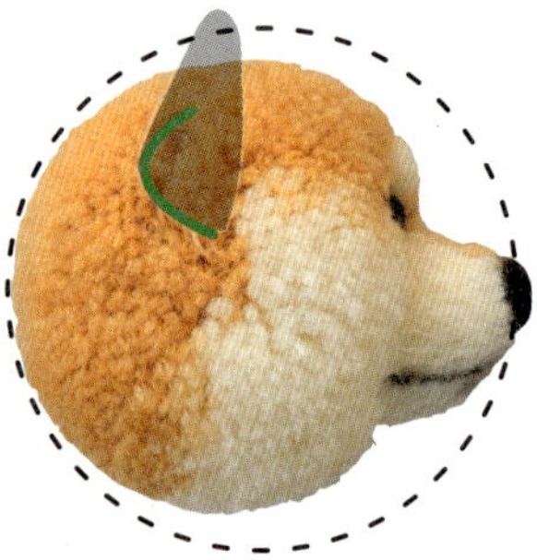

오른쪽

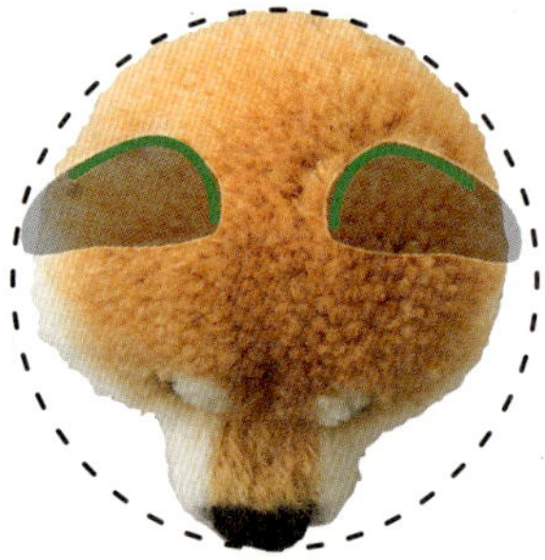

위

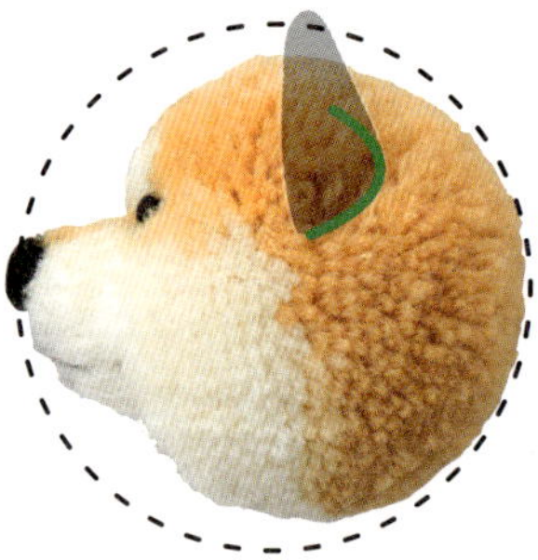

정면

왼쪽

아래

44

1 머즐 주위의 실을 자릅니다.

자른 모습. 정면.

옆에서 본 모습.

2 1에서 볼록 튀어나오게 자른 부분에 각을 주듯이 가위로 둥글게 자릅니다. 턱 밑도 잘라서 짧게 하고요.

옆에서 본 모습. 여러 각도에서 모양을 확인하며 폼폼을 잘라 올록볼록한 얼굴을 만듭니다.

3 자르는 도중에 가위 끝을 이용해서 실을 원래 위치로 되돌리며 자릅니다.

색 경계 부분의 실도 가위 끝으로 골라내듯이 정리하며 자릅니다. 다시 니들 펠트용 바늘로 머즐을 콕콕 찔러 뭉친 뒤 잘라서 모양을 잡습니다.

전체를 다 자른 상태입니다.

정면

오른쪽

45

눈을 붙인다

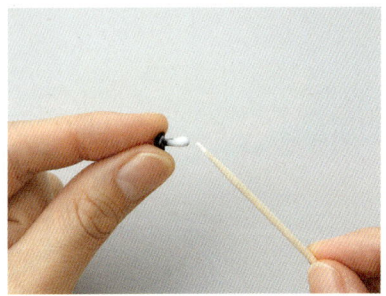

1 나사형 눈에 접착제를 바릅니다. 나사 부분의 길이가 긴 경우에는 니퍼를 사용해서 살짝 자른 뒤 접착제를 바릅니다.

2 원하는 위치에 끼워 넣습니다.

3 눈을 붙인 모습. 시침핀을 제거합니다.

코를 붙인다(양모의 경우)

1 지정한 색상의 양모를 적당히 준비합니다.

2 가장자리부터 빡빡하게 감아서 공 모양을 만듭니다. 마지막 가장자리를 2㎝ 정도 남겨 둥글게 말아줍니다.

3 둥글게 만 부분을 니들 펠트용 바늘로 콕콕 찔러 뭉쳐주세요. 살짝 튀어나온 양모 끝은 그대로 둡니다.

4 본체의 코 부착 위치에 살짝 튀어나온 양모 끝을 찔러 고정합니다. 어느 정도 들어가면 코 연결 부분의 가장자리를 찔러 고정합니다. 다시 한 번 코 전체를 니들 펠트용 바늘로 콕콕 찔러 모양을 잡습니다.

코를 붙인 모습입니다.

정면

오른쪽

아이라인을 넣는다

양모를 대신해서 털실을 사용해도 좋습니다. 그럴 경우에는 한가닥을 2~4줄로 갈라서 사용합니다.

1 지정한 색상의 양모를 준비해서 눈 주위를 에워싸듯, 니들 펠트용 바늘로 콕콕 찔러 아이라인을 넣습니다.

2 마주 본 상태에서 오른쪽 눈에 아이라인을 넣은 모습.

양쪽 눈에 아이라인을 넣은 모습입니다.

코에서 입으로 이어지는 라인을 넣는다

1 지정한 색상의 양모를 준비해서 끝을 코 밑에 찔러 넣습니다.

2 코 밑의 라인을 원하는 길이까지 찔러 넣은 뒤 가위로 자릅니다.

3 1과 똑같은 양모를 입 가장자리에 찔러 넣고, 2의 아래쪽을 지나 반대쪽 가장자리까지 콕콕 찔러 넣습니다.

입이 완성된 모습입니다.

정면

오른쪽

귀를 만든다(털실의 경우)

  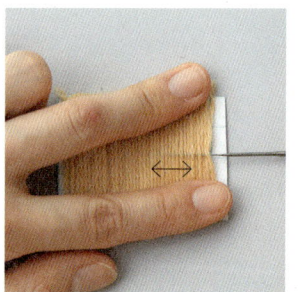 

칼집

1 귀의 기초를 만듭니다. 지정한 크기의 두꺼운 종이를 준비해서 실의 처음 부분과 끝 부분의 위치에 미리 3mm 정도 칼집을 넣습니다. 칼집에 실 끝을 건 뒤 지정한 횟수(여기서는 40회)만큼 실을 감습니다. 실은 너무 세게 잡아당기지 말고 느슨하게 감아주세요.

2 니들 펠트용 바늘(레귤러 바늘)의 끝을 두꺼운 종이에 감은 실 옆쪽에서 찔러 틈새가 생기지 않도록 손가락으로 꾹 눌러가며 양쪽으로 움직여 통과시켜 연결합니다. 양쪽에서 전체를 골고루 찔러서 폭이 좁아지면 실 끝을 칼집에서 빼내어 전체가 지정한 폭(여기서는 3.8cm)이 될 때까지 찌릅니다.

 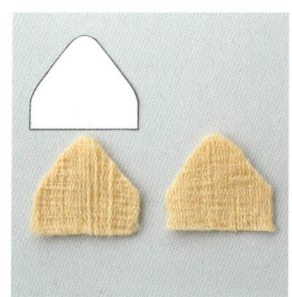  

3 위아래를 가위로 잘라서 시트 두 장을 만들고 각각 귀 패턴에 맞춰서 자릅니다. 귀의 기초가 완성되었습니다.

4 귀 안쪽을 착색합니다. 지정한 색상의 양모를 조금씩 찢어서 섬유가 여러 방향으로 교차하도록 겹친 뒤 매트 위에 올려놓습니다.

5 니들 펠트용 바늘을 사용해서 전체를 골고루 찌르고 안쪽에서도 찔러줍니다. 여러 번 반복하면 양모가 얇은 시트 모양이 됩니다. 이것을 귀의 기초보다 조금 작게 자릅니다. 시중에서 판매하는 시트 양모 펠켓(felket 하마나카 제품-옮긴이)을 대신 사용해도 됩니다.

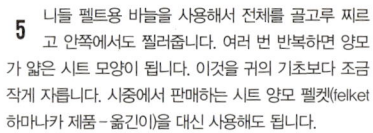

펠켓을 잘라서
사용해도 좋아요.

6 5에서 만든 얇은 시트 모양의 양모를 기초 위에 올리고 전체를 찔러서 고정하면 귀가 완성됩니다.

 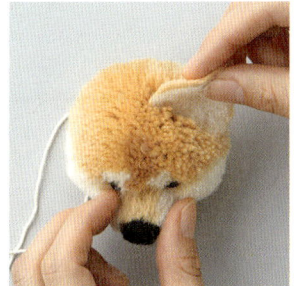  

7 본체 귀 부착 위치(44쪽 참조)의 실을 좌우로 밀어서 5의 귀를 끼워 넣고, 니들 펠트용 바늘을 사용하여 귀의 안쪽과 바깥쪽에서 찔러 고정합니다.

귀 연결 부분(★)을 안쪽에서 앞쪽으로 찌르면 찌른 부분이 앞으로 파고들어 귀에 자연스럽게 곡선이 생깁니다.

귀가 달린 모습입니다.

가위로 잘라서 마무리한다

가위를 세밀하게 움직여서 전체의 균형을 확인하며 잘라서 마무리합니다. 미간을 움푹 들어가게 하면 훨씬 시바견다운 표정이 되지요. 커브형 가위를 사용하면 편리합니다.

멍!

시바견이 완성되었습니다.

각 부위를 만드는 방법

시바견 페이지에서 나오지 않은 부위의 만드는 방법을 소개합니다.

귀를 만든다(양모의 경우)

1 귀의 패턴을 준비합니다. 지정한 색상의 양모를 조금씩 사용해서 패턴보다 큼직하게 섬유 방향이 교차되도록 올려놓습니다.

2 바깥쪽으로 튀어나온 양모의 섬유를 안쪽으로 집어넣는다는 느낌으로, 니들 펠트용 바늘로 콕콕 찔러 만들고 싶은 귀의 모양과 비슷하게 만듭니다. 아래쪽 연결 부분의 살짝 튀어나온 섬유는 찌르지 말고 그대로 남깁니다. 어느 정도 패턴 크기와 비슷해지면 귀의 윤곽 부분을 주위부터 찔러서 모양을 잡습니다. 귀의 기초가 완성되었습니다.

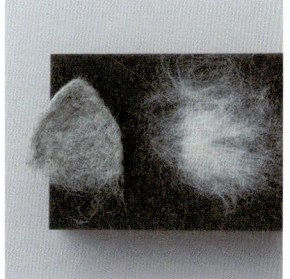

3 귀의 안쪽을 착색할 경우에는 지정한 색상의 양모를 기초의 절반 정도 사용하여 조금씩 찢어 놓고 섬유가 여러 방향으로 교차되도록 겹쳐서 매트 위에 올려놓습니다. 니들 펠트용 바늘을 사용해서 전체를 골고루 찌르고 안쪽에서도 찔러줍니다. 이 과정을 여러 번 반복하면 양모가 얇은 시트 모양이 됩니다.

4 3에서 만든 얇은 시트 모양의 양모를 귀의 기초보다 조금 작게 자릅니다. 이것을 기초 위에 올려놓고 전체를 찔러서 고정하면 완성. 시중에서 판매하는 시트 양모(펠켓)를 대신 사용해도 좋아요.

펠켓을 사용해도 좋아요.

축 처진 귀를 붙인다

처진 귀는 귀의 방향을 바꿔서 니들 펠트용 바늘로 콕콕 찌릅니다.

1 귀 연결 부분의 한쪽을 사진처럼 접은 뒤 접은 쪽이 뒷면의 뒤쪽이 되도록 본체에 붙입니다.

2 본체의 귀 부착 위치에 끼워 넣고, 니들 펠트용 바늘로 확실히 찔러 고정합니다. 귀의 안쪽과 바깥쪽에서 찔러주세요.

3 귀가 연결 부분 근처에서 구부러져 밑으로 처지도록 접은 선 부분을 니들 펠트용 바늘로 찔러 고정합니다.

5 본체의 귀 부착 위치에 끼워 넣고, 귀의 안쪽과 바깥쪽에서 니들 펠트용 바늘로 확실히 찔러줍니다. 귀 연결 부분(☆)을 안쪽에서 앞쪽으로 찌르면 귀에 자연스럽게 곡선이 생깁니다.

부분적으로 착색할 때는…

한쪽 귀를 연결한 모습. 다른 한쪽 귀도 똑같은 순서로 연결합니다.

귀가 완성되었습니다.

패브릭용 스탬프잉크를 톡톡 두들겨 착색합니다. 잉크 색이 물들면 티슈나 자투리 천 사이에 귀를 끼운 뒤 중간 온도로 다림질해서 착색시킵니다.

귀 안쪽에 연한 색을 겹친다

희미하게 착색할 경우, 귀의 기초에 직접 양모를 찔러 붙입니다.

 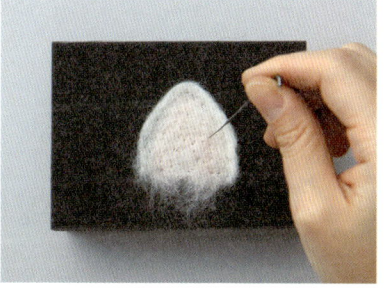 

1 착색용 양모를 조금 준비해서 섬유가 여러 방향으로 교차되도록 겹쳐놓습니다.

2 귀의 기초 위에 1을 올려놓고 니들 펠트용 바늘을 사용해서 전체를 골고루 찌릅니다. 너무 깊숙이 찌르면 안쪽에 양모의 섬유가 잔뜩 튀어나오게 되니, 니들 펠트용 바늘로 전체를 톡톡 두들기듯 가볍게 찔러주세요.

코를 붙인다(나사형 개 코의 경우)

1 이쑤시개를 사용해서 코를 붙일 위치에 구멍을 뚫습니다.

2 나사형 개 코에 접착제를 발라서 끼워 넣습니다.

눈의 위치나 방향을 바꿔서 좋아하는 인상을 만든다

〈나사형 눈〉

눈의 위치에 따라 얼굴의 인상이 달라집니다. 접착제를 바르기 전에 임시로 꽂아 보고 위치를 결정하세요.

◎ 머즐 바로 위에 붙이면…

이 책에 실린 작품의 얼굴

◎ 위쪽으로 붙이면…

암전한 표정

◎ 아래쪽으로 붙이면…

조금 어린 강아지 같은 표정

〈코믹 아이〉

눈동자의 방향을 바꾸는 것만으로 내가 좋아하는 얼굴을 연출할 수 있어요.

◎ 바깥쪽을 향하면…

이 책에 실린 작품의 얼굴

◎ 위쪽을 향하면…

살짝 올려다보는 듯한 표정

◎ 안쪽을 향하면…

정면을 바라보는 듯한 표정

눈꺼풀을 만든다

1 지정한 색상의 실을 15~20㎝ 정도 준비한 뒤, 눈 주위를 에워싸듯 니들 펠트용 바늘로 찔러 고정합니다.

2 한 바퀴를 찔러준 뒤 다시 한 바퀴, 두 바퀴, 자신이 원하는 두께가 될 때까지 서너 바퀴 정도 반복해서 찔러줍니다. 눈 안쪽과 눈꼬리 부분은 확실히 찔러주세요.

3 마지막에는 눈 안쪽 또는 눈꼬리 쪽에서 실을 자르고 실 끝을 니들 펠트용 바늘로 찔러 고정합니다.

한쪽 눈꺼풀이 완성된 상태. 다른 한쪽의 눈꺼풀도 똑같은 순서로 만듭니다.

눈꺼풀과 눈의 경계에 아이라인을 넣는다

1 지정한 색상의 양모를 눈꺼풀과 눈의 경계에 니들 펠트용 바늘로 콕콕 찔러 고정합니다.

2 눈꺼풀을 따라서 눈 주위를 한 바퀴 빙 에워쌉니다.

3 남은 양모는 가위로 자릅니다. 다른 한쪽 눈에도 똑같은 순서로 아이라인을 넣습니다.

혀와 턱을 붙인다

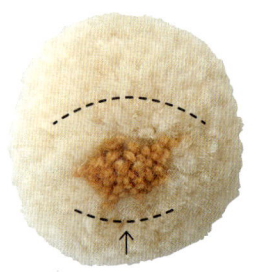

혀나 턱을 붙일 경우에는 코 밑이 조금 짧아지도록 머즐의 크기를 조정하면 균형 잡힌 모습으로 완성됩니다.

1 지정한 색상의 실을 20~30㎝ 정도 준비해서 턱의 기초를 만듭니다. 사진처럼 실을 가운데부터 소용돌이 모양으로 둥글게 말아서 패턴보다 약간 큼직하게 모은 뒤, 니들 펠트용 바늘로 콕콕 찔러 뭉칩니다. 윤곽 부분도 주위부터 찔러서 모양을 잡습니다. 본체와 비슷한 색상의 양모를 사용해도 좋습니다.

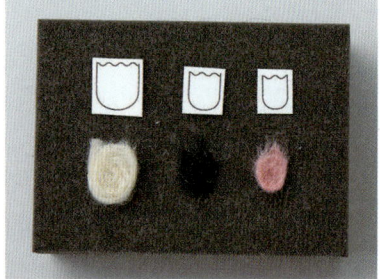  

2 지정한 색상의 실이나 양모를 사용해서 턱의 안쪽 부분과 혀도 똑같은 방법으로 만듭니다.

3 턱의 기초 위에 안쪽 부분을 올려서 니들 펠트용 바늘로 콕콕 찔러 고정합니다.

4 입의 위치에 끼워 넣고 니들 펠트용 바늘로 찔러 고정합니다.

5 혀를 끼워 넣고 똑같은 방법으로 찔러 고정합니다.

6 턱의 안쪽에 사용하는 양모를 준비해서 혀 위쪽도 찔러 고정합니다.

혀와 턱을 붙인 모습.

혀만 만들어서 콕콕 찔러 고정할 경우에도 순서는 똑같습니다.

강아지 폼폼을 즐기는 방법

완성한 폼폼을 늘 데리고 다니고 싶을 때
사용하기 좋은 아이디어를 소개합니다.
키홀더, 브로치, 머리 고무줄로 만들어봅시다.

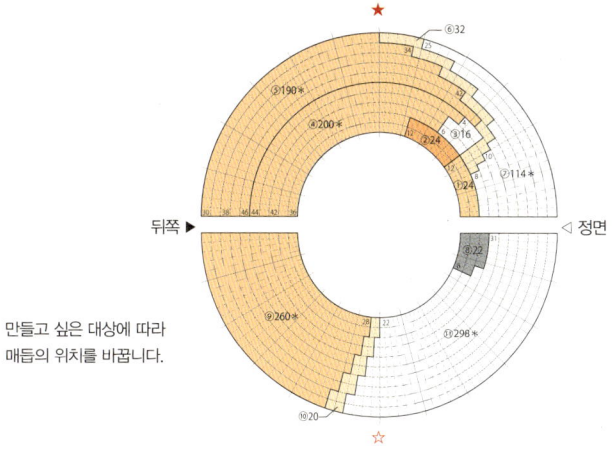

만들고 싶은 대상에 따라
매듭의 위치를 바꿉니다.

키홀더
재료 : 이중 O링, 볼 체인

폼폼 메이커에 감아서 자른 실을 연줄로 묶을 때(43쪽의 3번) 처음에는 위의 실 감기 도안의 (☆) 위치에서 이중 매듭을 짓습니다. 그런 다음 반대쪽의 (★) 위치에서 이중 매듭을 진 뒤 똑같은 위치에서 매듭(역방향)을 짓습니다. 다른 한쪽의 연줄에 이중 O링을 끼워서 매듭(정방향)→매듭(역방향)의 순서로 묶습니다. 매듭에 접착제를 발라서 보강한 뒤 남은 연줄을 잘라내고, 이중 O링에 볼 체인을 끼우면 완성. 부자재를 쓰지 않고 연줄을 그대로 남겨서 장식처럼 꾸며도 좋습니다.

브로치
재료 : 브로치 핀, 다용도 접착제

  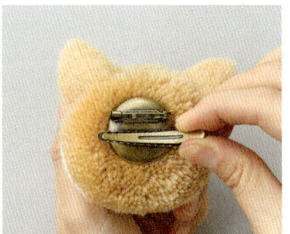 

완성한 강아지 폼폼의 뒤쪽을 평평하게 자릅니다. 뒤쪽으로 나온 연줄도 짧게 자른 뒤, 브로치 핀의 받침판 부분에 접착제를 발라 자른 면의 중심보다 약간 위쪽에 붙여서 꾹 눌러줍니다. 접착제가 마르면 완성.

머리끈
재료 : 이중 O링, 헤어용 고무줄

매듭(정방향)

폼폼의 중심을 묶은 연줄을 마지막까지 자르지 않고 남겨 놓은 뒤 사진처럼 한쪽 연줄에 이중 O링을 끼워서 매듭(정방향)→매듭(역방향)의 순서로 묶습니다. 매듭에 접착제를 발라서 보강한 뒤 남은 연줄을 잘라냅니다. 필요하면 폼폼의 뒤쪽을 적당히 잘라 평평하게 만들어서 이중 O링에 헤어용 고무줄을 끼워 원하는 크기의 고리를 만들면 완성.

이중 매듭, 매듭(역방향)은 39쪽을 참조하세요.

시바견

흰색

검은색

→ p.9

◉ 완성 치수(대략)

··· 가로 65mm×세로 68mm×두께 68mm

◉ 폼폼 메이커 ··· 65mm

◉ 완성 치수(대략)

··· 가로 65mm×세로 68mm×두께 68mm

◉ 폼폼 메이커 ··· 65mm

재료

본체	: iroiro (○1) (●49)
귀의 기초	: 양모(흰색) ··· 소량
	: 패브릭용 스탬프잉크(비스킷)
귀의 안쪽	: 양모(연분홍색) ··· 소량
눈	: 나사형 눈(검은색 6mm) ··· 2개
아이라인	: 양모(검은색) ··· 소량
코	: 양모(시나몬 베이지)
콧구멍, 코~입 라인	
	: 양모(검은색) ··· 소량

본체	: iroiro (○1) (●3) (●47) (●49)
귀의 기초	: 양모(검은색) ··· 소량
귀의 안쪽	: 양모(멜란지 그레이) ··· 소량
눈	: 나사형 눈(검은색 6mm) ··· 2개
아이라인	: 양모(검은색) ··· 소량
코	: 양모(검은색) ··· 소량
코~입 라인	: 양모(검은색) ··· 소량

실 감기 도안

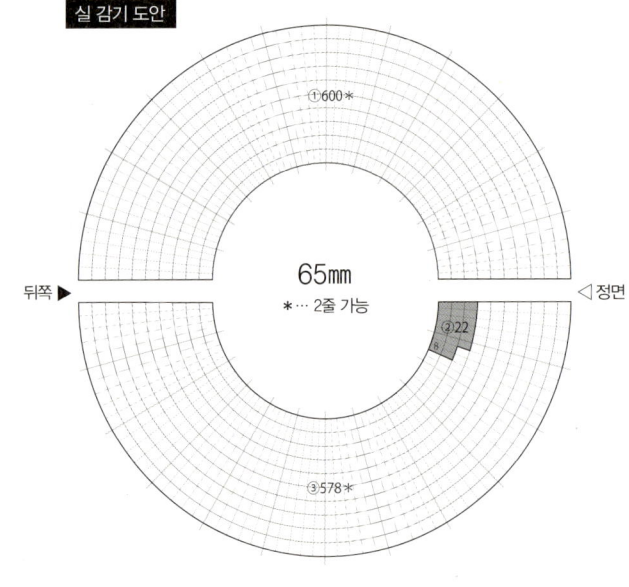

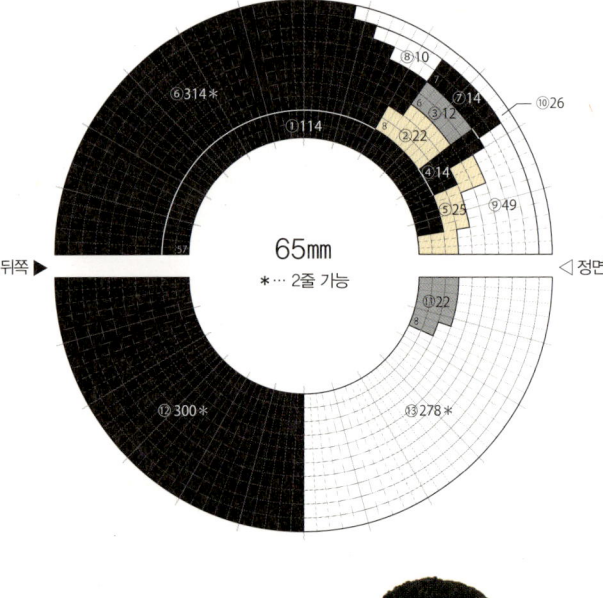

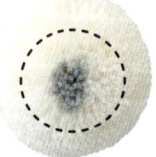

실을 다 감은 상태

실을 다 감은 상태

실을 자르는 기준 / 귀 부착 위치

정면

오른쪽   위

왼쪽   아래

정면

오른쪽   위

왼쪽   아래

귀   패턴 *권말 참조

만드는 방법

1. 65mm짜리 폼폼 메이커에 흰색은 ①~③, 검은색은 ①~⑬의 순서로 실을 감아서 폼폼을 만든다. ⇒ 38~39쪽, 42~43쪽 참조

2. 실을 다 감은 상태의 사진에서 점선 부분(머즐)의 실을 니들 펠트용 바늘로 콕콕 찔러 중심으로 모은다. ⇒ 44쪽 참조

3. 실을 자르는 기준을 참고하여 2에서 모아 놓은 머즐 주위와 턱 밑의 실을 자르고, 여러 각도에서 모양을 확인하며 폼폼을 잘라 올록볼록한 얼굴을 만든다. 다시 니들 펠트용 바늘로 머즐을 콕콕 찔러 뭉친 뒤 잘라서 모양을 잡는다. ⇒ 45쪽 참조

4. 눈을 접착제로 붙인다. 지정한 색상의 양모를 사용해서 코를 만든 뒤 니들 펠트용 바늘로 찔러 본체에 고정한다. ⇒ 46쪽 참조

5. 소량의 검은색 양모를 니들 펠트용 바늘로 콕콕 찔러 아이라인, 코에서 입으로 이어지는 라인을 넣는다. ⇒ 47쪽 참조
   흰색 시바견은 콧구멍을 넣는다.ⓐ

6. 귀를 만든다. 지정한 색상의 양모를 사용해서 귀의 기초를 만들고, 흰색은 안쪽에 연분홍색 양모를 니들 펠트용 바늘로 찔러 고정한다. 가장자리를 패브릭용 스탬프잉크로 착색한 뒤 티슈나 자투리 천을 위에 대고 다림질한다. 검은색은 멜란지 그레이 색상의 양모를 니들 펠트 바늘로 콕콕 찔러 얇은 시트 모양을 만든 뒤 기초의 안쪽에 찔러 고정한다. 본체의 귀 부착 위치에 끼워 넣고 니들 펠트용 바늘로 콕콕 찔러 고정한다. ⇒ 50~51쪽 참조

7. 전체의 균형을 확인하며 잘라서 마무리하면 완성.

아키타견

→ p.21

⊙ 완성 치수(대략)

… 가로 65mm×세로 70mm×두께 68mm

⊙ 폼폼 메이커 … 65mm

재료

본체	: iroiro (○1) (●3) (●4) (●5) (●49)
귀의 기초	: iroiro (●4)
귀의 안쪽	: 양모(흰색) … 소량
눈	: 나사형 눈(검은색 6mm) … 2개
아이라인	: 양모(검은색) … 소량
눈썹	: iroiro (●49) … 5cm×2줄
코	: 양모(검은색) … 소량
코~입 라인	: 양모(검은색) … 소량

실 감기 도안

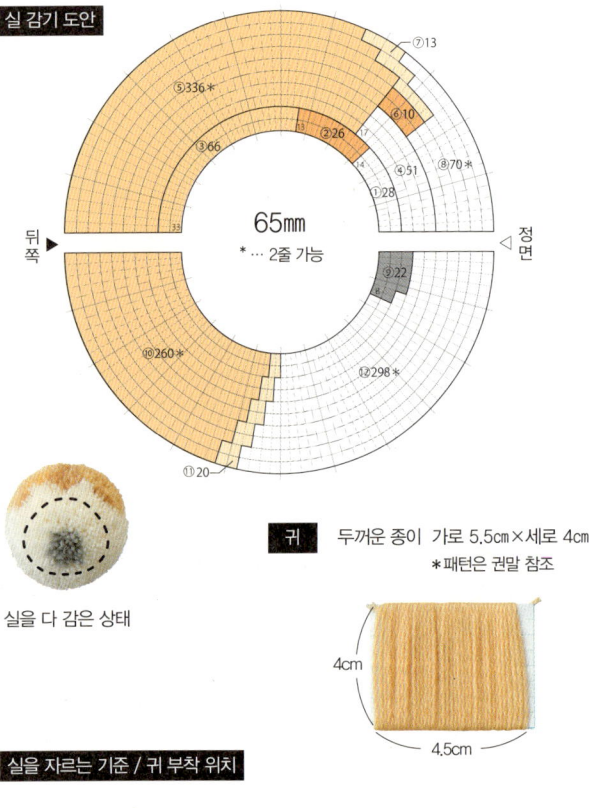

65mm
* … 2줄 가능

⑦13
⑨336*
②26
③66
⑧10
⑥70*
④51
⑤28
⑩260*
⑫298*
①20

뒤쪽 ▶ ◁ 정면

실을 다 감은 상태

귀

두꺼운 종이 가로 5.5cm×세로 4cm
*패턴은 권말 참조

4cm

4.5cm

실을 자르는 기준 / 귀 부착 위치

정면

오른쪽

위

왼쪽

아래

만드는 방법

1 65mm짜리 폼폼 메이커에 ①~⑫의 순서로 실을 감아서 폼폼을 만든다. ⇒ 38~39쪽, 42~43쪽 참조

2 실을 다 감은 상태의 사진에서 점선 부분(머즐)의 실을 니들 펠트용 바늘로 콕콕 찔러 중심으로 모은다. ⇒ 44쪽 참조

3 실을 자르는 기준을 참고하여 2에서 모아 놓은 머즐 주위와 턱 밑의 실을 자르고, 여러 각도에서 모양을 확인하며 폼폼을 잘라 올록볼록한 얼굴을 만든다. 다시 니들 펠트용 바늘로 머즐을 콕콕 찔러 뭉친 뒤 잘라서 모양을 잡는다. ⇒ 45쪽 참조

4 눈을 접착제로 붙인다. 검은색 양모를 사용해서 코를 만든 뒤 니들 펠트용 바늘로 찔러 본체에 고정한다. ⇒ 46쪽 참조

5 소량의 검은색 양모를 니들 펠트용 바늘로 콕콕 찔러 코에서 입으로 이어지는 라인을 넣는다. ⇒ 47쪽 참조

6 귀를 만든다. ● 4번 실을 지정한 크기의 두꺼운 종이에 느슨하게 40회 감는다. 전체의 폭이 약 3.8cm가 될 때까지 니들 펠트용 바늘로 찔러 연결하여 잘라서 귀의 기초를 만든다. 소량의 흰색 양모를 니들 펠트용 바늘로 콕콕 찔러 얇은 시트 모양을 만든 뒤 잘라서, 기초의 안쪽에 찔러 고정한다. 본체의 귀 부착 위치에 끼워 넣고 니들 펠트용 바늘로 콕콕 찔러 고정한다. ⇒ 48~49쪽 참조

7 ● 49번 실을 5cm×2줄 준비해서 각각의 눈 주위를 에워싸듯, 빙 둘러 한 줄씩 가운데 부분을 니들 펠트용 바늘로 콕콕 찌르고 여분을 잘라낸다. ⓐ 1~2

ⓐ-1

ⓐ-2

8 전체의 균형을 확인하며 잘라서 마무리하면 완성.

토이 푸들

 크림

 실버

→ p.11

크림

- ⊙ 완성 치수(대략)
- … 가로 90mm×세로 60mm×두께 65mm
- ⊙ 폼폼 메이커 … 65mm

재료

본체	: 양털에 가까운 메리노울 (◐2) iroiro (●5)
귀	: 양털에 가까운 메리노울 (◐2)
눈	: 나사형 눈(검은색 8mm) … 2개
아이라인	: iroiro (●5) … 10cm×1줄
코	: 나사형 개 코(브라운 10mm) … 1개
코~입 라인	: 양모(검은색) … 소량
※ 혀	: 양모(카메오 로즈) … 소량
턱의 기초	: 양털에 가까운 메리노울 (◐2) … 20cm×1줄
턱의 안쪽	: 양모(검은색) … 소량

실버

- ⊙ 완성 치수(대략)
- … 가로 100mm×세로 70mm×두께 65mm
- ⊙ 폼폼 메이커 … 65mm

재료

본체	: 양털에 가까운 메리노울 (●8) iroiro (●48)
귀	: 양털에 가까운 메리노울 (●8)
눈	: 나사형 눈(검은색 8mm) … 2개
아이라인	: iroiro (●48) … 10cm×1줄
코	: 나사형 개 코(블랙 10mm) … 1개
코~입 라인	: 양모(검은색) … 소량
모히칸	: 양털에 가까운 메리노울(●8) … 10cm×20줄
※ 혀	: 양모(카메오 로즈) … 소량
턱의 기초	: 양털에 가까운 메리노울(●8) … 20cm×1줄
턱의 안쪽	: 양모(검은색) … 소량

실 감기 도안

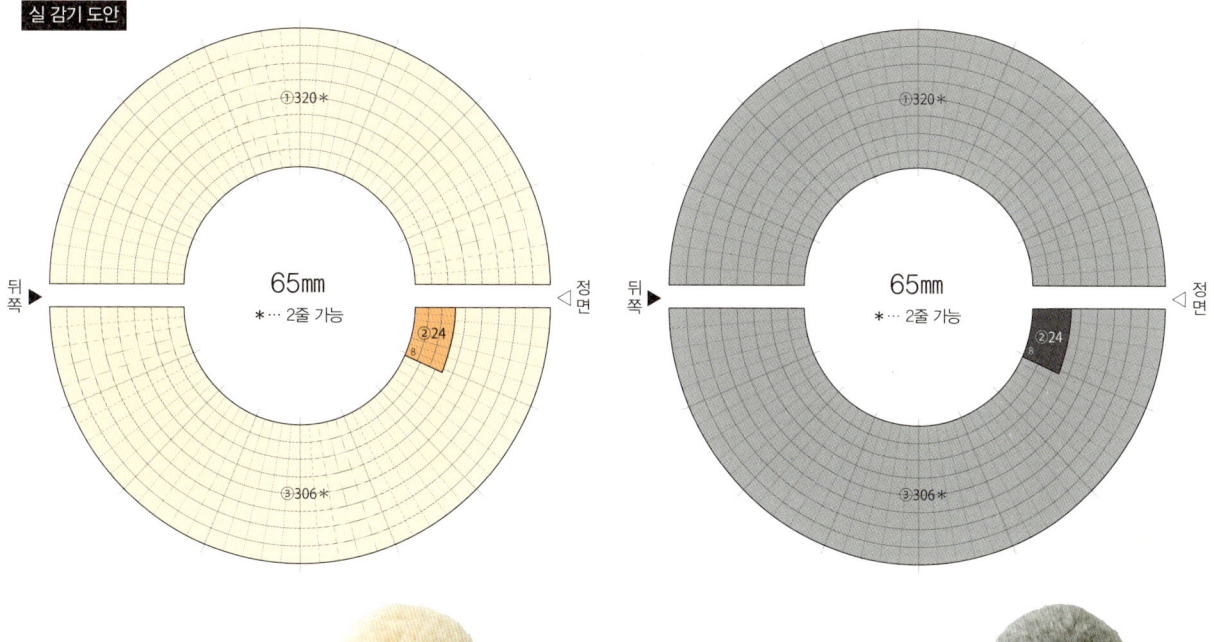

65mm
*… 2줄 가능

①320*
②24
③306*

뒤쪽 ▶ ◁ 정면

실을 다 감은 상태

실을 다 감은 상태

오른쪽

위

정면

왼쪽

아래

귀　두꺼운 종이 가로 4cm × 세로 5cm

5cm

약 2cm

귀　두꺼운 종이 가로 4cm × 세로 5cm

5cm

약 2.5cm

오른쪽

위

정면

왼쪽

아래

만드는 방법

1. 65mm짜리 폼폼 메이커에 ①～③의 순서로 실을 감아서 폼폼을 만든다. ⇒ 38～39쪽, 42～43쪽 참조

2. 실을 다 감은 상태의 사진에서 점선 부분(머즐)의 실을 니들 펠트용 바늘로 콕콕 찔러 화살표 방향으로 모은다.ⓐ ⇒ 44쪽 참조

3. 실을 자르는 기준을 참고하여 2에서 모아 놓은 머즐 위쪽과 턱 밑의 실을 자르고, 여러 각도에서 모양을 확인하며 폼폼을 잘라 올록볼록한 얼굴을 만든다. 다시 니들 펠트용 바늘로 머즐을 콕콕 찔러 뭉친 뒤 잘라서 모양을 잡는다. ⇒ 45쪽 참조

4. 귀를 만든다. 귀에 사용하는 실을 지정한 크기의 두꺼운 종이에 크림은 30회, 실버는 40회 감는다. 한쪽 가장자리를 레이스실(또는 가는 연줄) 40cm로 이중 매듭을 지어 잡아당긴 뒤ⓑ 다시 매듭(역방향)을 짓는다. 실을 두꺼운 종이에서 떼어내서 실버의 귀는 고리 끝을 가위로 자른다.ⓒ 다른 한쪽의 귀도 똑같은 방법으로 만든다.
   귀를 묶은 레이스실을 털실용 돗바늘에 꿰어 본체의 귀 부착 위치에 찔러서 관통시키고ⓓ 다른 한쪽 귀의 레이스실과 이중 매듭을 지어서 잡아당긴다.ⓔ 다시 귀 안쪽의 연결 부분에서 매듭(역방향)을 짓고ⓕ 매듭에 접착제를 발라서 보강한 뒤 남은 레이스실은 잘라낸다. 크림의 귀는 털끝을 니들 펠트용 바늘로 찔러 고정하고ⓖ 실버의 귀는 빗으로 가볍게 빗은 뒤 잘라서 모양을 잡는다.ⓗ 1～2

5. 눈과 코를 접착제로 붙인다. ⇒ 46쪽, 52쪽 참조
   눈 위쪽의 실을 들어 올리듯이 니들 펠트용 바늘을 세워 위쪽으로 콕콕 찌른다.

6. 지정한 색상의 실을 반으로 갈라 아이라인을 넣는다. 소량의 검은색 양모를 니들 펠트용 바늘로 콕콕 찔러 코에서 입으로 이어지는 라인을 넣는다. ⇒ 47쪽 참조

7. 실버는 ⬤8번 실을 10cm×20줄 준비해서 두 줄씩 가운데 부분을 본체의 머리 정수리 부분에 끼운 뒤 니들 펠트용 바늘로 콕콕 찔러 넣는다.ⓘ 다 찔러 넣으면ⓙ 가위로 잘라서 모양을 잡는다.ⓚ

8. 전체의 균형을 확인하며 잘라서 마무리하면 완성.

   ※ 혀나 턱을 붙일 경우에는 지정한 색상의 양모와 털실을 니들 펠트용 바늘로 찔러 뭉쳐서 각 부위를 만든 뒤 입 부분에 찔러서 고정한다. ⇒ 54쪽 참조

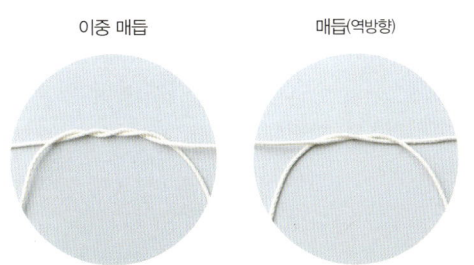

이중 매듭   매듭(역방향)

ⓐ 정면   아래

포메라니안

→ p.10

⊙ 완성 치수(대략)
… 가로 70mm×세로 70mm×두께 68mm

⊙ 폼폼 메이커 … 65mm

재료	
본체	: iroiro (●2) (●3) (●4) (●5) (●49)
귀의 기초	: iroiro (●4)
귀의 안쪽	: 양모(흰색) … 소량
눈	: 나사형 눈(검은색 8mm) … 2개
눈꺼풀	: iroiro (●3) … 20cm×2줄
눈꼬리 라인	: iroiro (●5) … 8cm×4줄
코	: 나사형 개 코(블랙 10mm) … 1개
코~입 라인	: 양모 또는 털실(검은색) … 소량
※허	: 양모(833) … 소량
턱의 기초	: iroiro (●2) … 30cm×1줄
턱의 안쪽	: 양모(검은색) … 소량

실 감기 도안

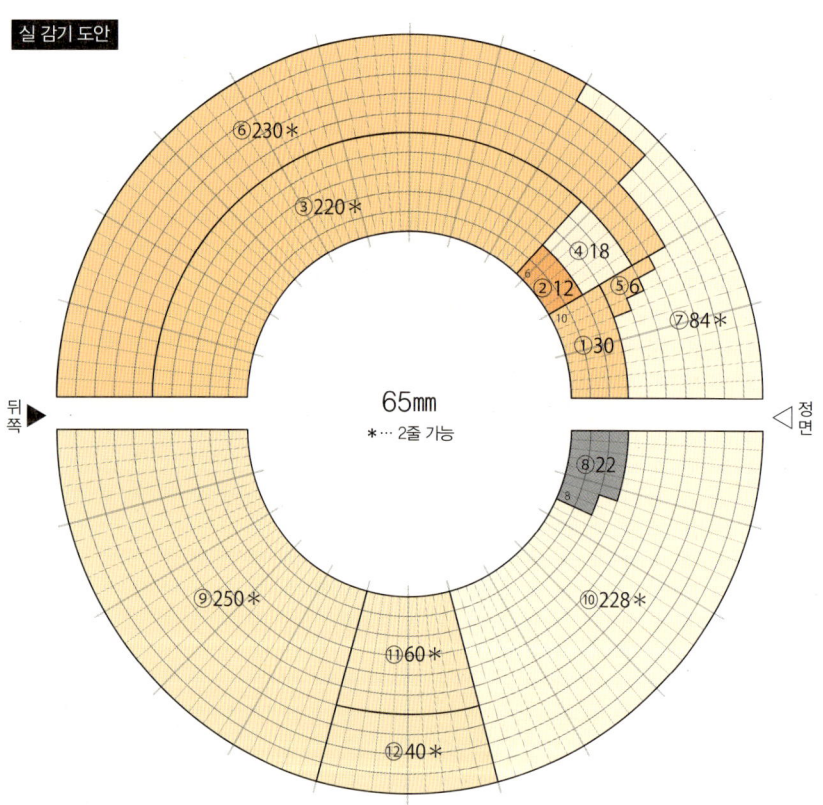

⑥230*
③220*
④18
②12
⑤6
⑦84*
①30
65mm
*… 2줄 가능
⑧22
⑨250*
⑩228*
⑪60*
⑫40*

뒤쪽 ▶

◁ 정면

귀 두꺼운 종이 가로 5cm×세로 4cm
  *패턴은 권말 참조

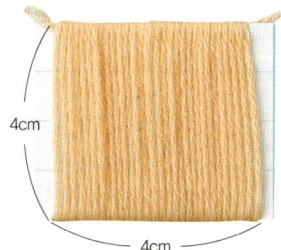

4cm
4cm

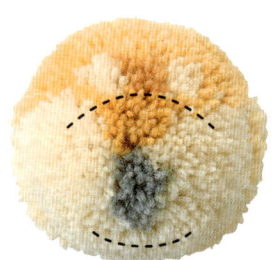

실을 다 감은 상태

정면

오른쪽

위

왼쪽

아래

만드는 방법

1 65mm짜리 폼폼 메이커에 ①~⑫의 순서로 실을 감아서 폼폼을 만든다. 도안에서 ⑪부분은 느슨하게 감고ⓐ 나머지는 꽉 잡아당겨서 감는다.ⓑ ⇒ 38~39쪽, 42~43쪽 참조

2 실을 다 감은 상태의 사진에서 점선 부분(머즐)의 실을 니들 펠트용 바늘로 콕콕 찔러 화살표 방향으로 모은다.ⓒ ⇒ 44쪽 참조

3 실을 자르는 기준을 참고하여 2에서 모아 놓은 머즐 위쪽과 턱 밑의 실을 자르고, 여러 각도에서 모양을 확인하며 폼폼을 잘라 올록볼록한 얼굴을 만든다. 다시 니들 펠트용 바늘로 머즐을 콕콕 찔러 뭉친 뒤 잘라서 모양을 잡는다. ⇒ 45쪽 참조

4 눈과 코를 접착제로 붙인다. ⇒ 46쪽, 52쪽 참조

5 ◯ 3번 실을 20cm×2줄 준비해서 니들 펠트용 바늘로 눈 주위를 에워싸듯, 한 줄씩 콕콕 찔러 눈꺼풀을 만든다. ⇒ 53쪽 참조

6 소량의 검은색 양모를 니들 펠트용 바늘로 콕콕 찔러 코에서 입으로 이어지는 라인을 넣는다. ⇒ 47쪽 참조

7 귀를 만든다. ● 4번 실을 지정한 크기의 두꺼운 종이에 느슨하게 30회 감는다. 전체의 폭이 약 3cm가 될 때까지 니들 펠트용 바늘로 찔러 연결하여 자른 다음, 귀의 기초를 만든다. 소량의 흰색 양모를 니들 펠트용 바늘로 콕콕 찔러 얇은 시트 모양을 만든 뒤 잘라서 기초의 안쪽에 찔러 고정한다. 본체의 귀 부착 위치에 끼워 넣고 니들 펠트용 바늘로 콕콕 찔러 고정한다. ⇒ 48~49쪽 참조

8 ● 5번 실을 8cm×4줄 준비해서 니들 펠트용 바늘로 콕콕 찔러 눈꼬리 라인을 넣고ⓓ 남은 실을 자르면 완성.ⓔ

ⓐ

ⓑ

ⓒ 정면

오른쪽

ⓓ

ⓔ

※ 혀나 턱을 붙일 경우에는 양모와 털실을 니들 펠트용 바늘로 찔러 뭉쳐서 각 부위를 만든 뒤 입 부분에 끼워 넣는다. ⇒ 54쪽 참조

63

치와와

 블랙

→ p.12

◉ 완성 치수(대략)

… 가로 85mm×세로 75mm×두께 68mm

◉ 폼폼 메이커 … 65mm

재료

본체	: iroiro (○1) (●3) (●47) (●49)
귀의 기초	: 양모(검은색) … 소량
귀의 안쪽	: 양모(흰색) … 소량
눈	: 코믹 아이(블랙 9mm) … 2개
눈꺼풀	: iroiro (●47) … 20cm×2줄
코	: 나사형 개 코(블랙 10mm) … 1개
코~입 라인	: 양모(검은색) … 소량

 크림

◉ 완성 치수(대략)

… 가로 85mm×세로 72mm×두께 68mm

◉ 폼폼 메이커 … 65mm

재료

본체	: iroiro (○1) (●3) (●5) (●49)
귀의 기초	: 양모(크림색) … 소량
귀의 안쪽	: 양모(연분홍색) … 소량
눈	: 코믹 아이(블랙 9mm) … 2개
눈꺼풀	: iroiro (●3) … 20cm×2줄
아이라인	: 양모(초콜릿색) … 소량
코	: 나사형 개 코(블랙 10mm) … 1개
코~입 라인	: 양모(검은색) … 소량

실 감기 도안

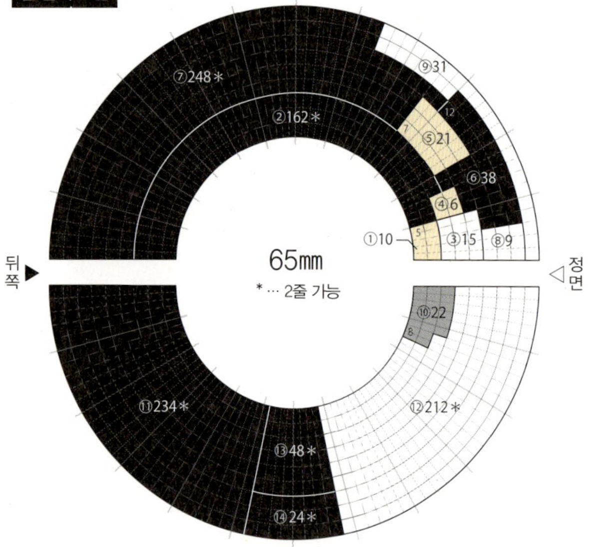

뒤쪽 ▶

⑦248＊ ⑨31 ②162＊ 12 ⑤21 ⑥38 ④6 ①10 5 ③15 ⑧9

65mm
＊… 2줄 가능

◁ 정면

⑩22

⑪234＊ ⑫212＊ ⑬48＊ ⑭24＊

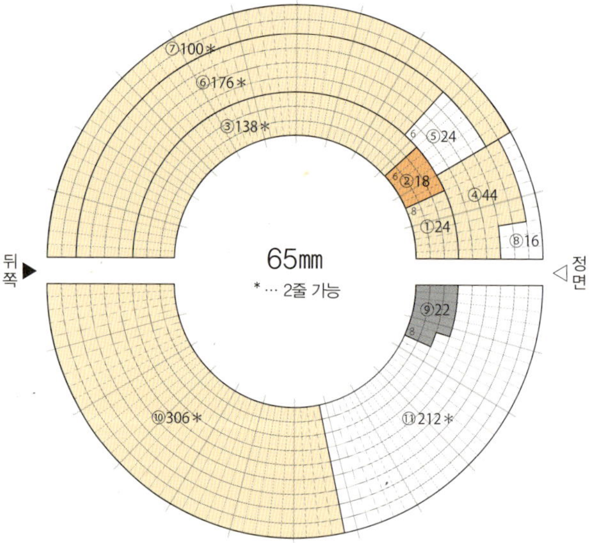

실을 다 감은 상태

뒤쪽 ▶

⑦100＊ ⑥176＊ ③138＊ ⑤24 ⑥②18 ④44 ①24 ⑧16 8

65mm
＊… 2줄 가능

◁ 정면

⑨22

⑩306＊ ⑪212＊

실을 다 감은 상태

64

정면

오른쪽   위

왼쪽   아래

정면

오른쪽   위

왼쪽   아래

귀   패턴 ＊권말 참조

만드는 방법

1   65mm짜리 폼폼 메이커에 블랙은 ①~⑭, 크림은 ①~⑪의 순서로 실을 감아서 폼폼을 만든다. 블랙의 ⑭부분은 느슨하게 감고, 나머지는 꽉 잡 아당겨서 감는다. ⇒ 38~39쪽, 42~43쪽, 63쪽 1번 참조

2   실을 다 감은 상태의 사진에서 점선 부분(머즐)의 실을 니들 펠트용 바늘 로 콕콕 찔러 중심으로 모은다. ⇒ 44쪽 참조

3   실을 자르는 기준을 참고하여 2에서 모아 놓은 머즐 주위와 턱 밑의 실 을 자르고, 여러 각도에서 모양을 확인하며 폼폼을 잘라 올록볼록한 얼 굴을 만든다. 다시 니들 펠트용 바늘로 머즐을 콕콕 찔러 뭉친 뒤 잘라 서 모양을 잡는다. ⇒ 45쪽 참조

4   눈과 코를 접착제로 붙인다. ⇒ 46쪽, 52쪽 참조

5   지정한 색상의 실을 20㎝×2줄 준비해서 니들 펠트용 바늘로 눈 주위 를 에워싸듯, 한 줄씩 콕콕 찔러 눈꺼풀을 만든다. 크림은 눈꺼풀과 눈 의 경계에 초콜릿색 양모를 사용해서 아이라인을 넣는다. ⇒ 53쪽 참조

6   소량의 검은색 양모를 니들 펠트용 바늘로 콕콕 찔러 코에서 입으로 이 어지는 라인을 넣는다. ⇒ 47쪽 참조

7   귀를 만든다. 지정한 색상의 양모를 사용해서 귀의 기초를 만들고, 안쪽 용 양모를 니들 펠트용 바늘로 콕콕 찔러 얇은 시트 모양을 만든 뒤 잘 라서 기초 안쪽에 찔러 고정한다. 본체의 귀 부착 위치에 끼워 넣고 니 들 펠트용 바늘로 콕콕 찔러 고정한다. ⇒ 50~51쪽 참조

8   전체의 균형을 확인하며 잘라서 마무리하면 완성.

프렌치 불독

→ p.14

⊙ 완성 치수(대략)

… 가로 70mm×세로 85mm×두께 63mm

⊙ 폼폼 메이커 … 65mm

재료

본체	: iroiro (○1) (●48) (●49) (○50)
귀의 기초	: 양모(흰색) … 소량
귀의 안쪽	: 양모(연분홍색) … 소량
눈	: 코믹 아이(블랙 9mm) … 2개
눈꺼풀	: iroiro (○50) … 20cm×2줄
아이라인	: 양모(검은색) … 소량
코	: 양모(초콜릿색) … 소량
코~입 라인	: 양모(검은색) … 소량
주름	: 양모(검은색) … 소량

실 감기 도안

귀 패턴 *권말 참조

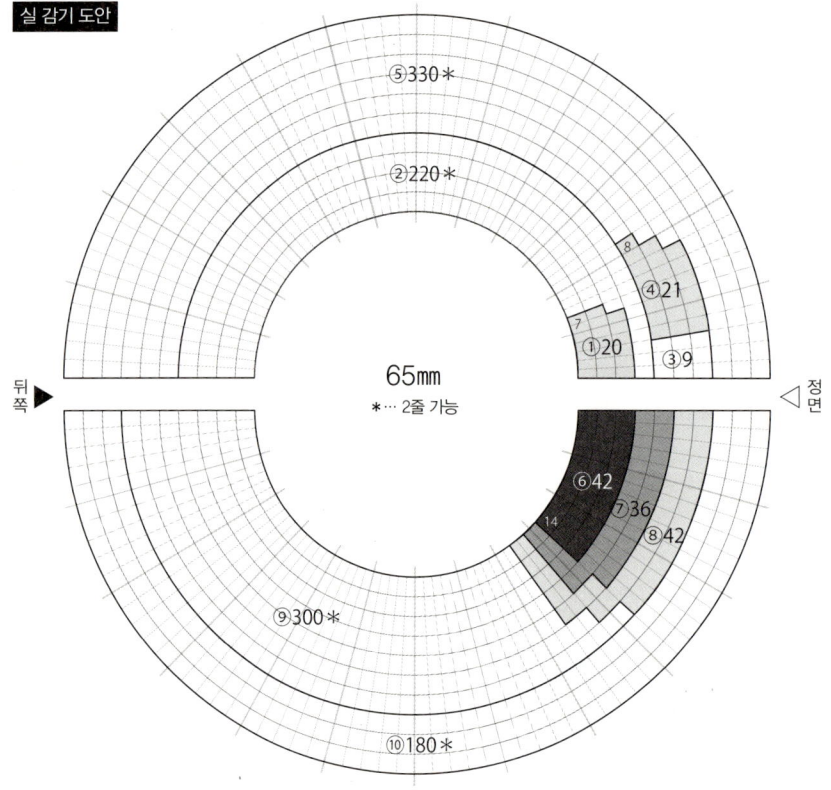

⑤330＊

②220＊

8

④21

7

①20

③9

65mm
＊… 2줄 가능

뒤쪽

정면

⑥42

⑦36

14

⑧42

⑨300＊

⑩180＊

실을 다 감은 상태

정면

오른쪽

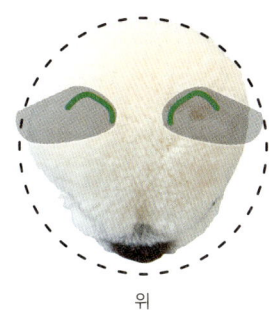

위

왼쪽

아래

만드는 방법

1   65㎜짜리 폼폼 메이커에 ①~⑩의 순서로 실을 감아서 폼폼을 만든다.
⇒ 38~39쪽, 42~43쪽 참조

2   실을 다 감은 상태의 사진에서 점선 부분(머즐)의 실을 니들 펠트용 바늘
로 콕콕 찔러 화살표 방향으로 모은다.ⓐ ⇒ 44쪽 참조

3   실을 자르는 기준을 참고하여 2에서 모아 놓은 머즐 위쪽과 턱 밑, 얼굴
양옆의 실을 자르고 머즐의 앞면도 평평하게 자른다. 여러 각도에서 모
양을 확인하며 폼폼을 잘라 올록볼록한 얼굴을 만든다.ⓑ ⇒ 45쪽 참조

4   눈을 접착제로 붙인다. 초콜릿색 양모를 사용해서 코를 만든 뒤 니들 펠
트용 바늘로 찔러 본체에 고정한다. ⇒ 46쪽 참조

5   ● 50번 실을 20㎝×2줄 준비해서 니들 펠트용 바늘로 눈 주위를 에
워싸듯, 한 줄씩 콕콕 찔러 눈꺼풀을 만든다. 눈꺼풀과 눈의 경계에는
검은색 양모를 사용해서 아이라인을 넣는다. ⇒ 53쪽 참조

6   소량의 검은색 양모를 니들 펠트용 바늘로 콕콕 찔러 코에서 입으로 이
어지는 라인과 얼굴 주름을 넣는다.ⓒ ⇒ 47쪽 참조

7   귀를 만든다. ⇒ 50쪽 참조
귀 연결 부분의 한쪽을 안으로 접은 뒤 본체의 귀 부착 위치에 끼워 넣
고 니들 펠트용 바늘로 콕콕 찔러 고정한다. ⇒ 51쪽 참조

8   전체의 균형을 확인하며 잘라서 마무리하면 완성.

ⓐ

ⓑ 정면

오른쪽

ⓒ

코에서
입 라인

주름

시추

→ p.15

◉ 완성 치수(대략)

··· 가로 100mm×세로 60mm×두께 65mm

◉ 폼폼 메이커 ··· 65mm

재료

본체	: iroiro (○1) (●9) (●49)
귀	: iroiro (●9) (●10)
눈	: 나사형 눈(검은색 8mm) ··· 2개
눈꺼풀	: iroiro (●10) ··· 15cm×2줄
코	: 나사형 개 코(블랙 10mm) ··· 1개
코~입 라인	: 양모(검은색) ··· 소량

귀 두꺼운 종이 가로 4cm×세로 6cm

실 감기 도안

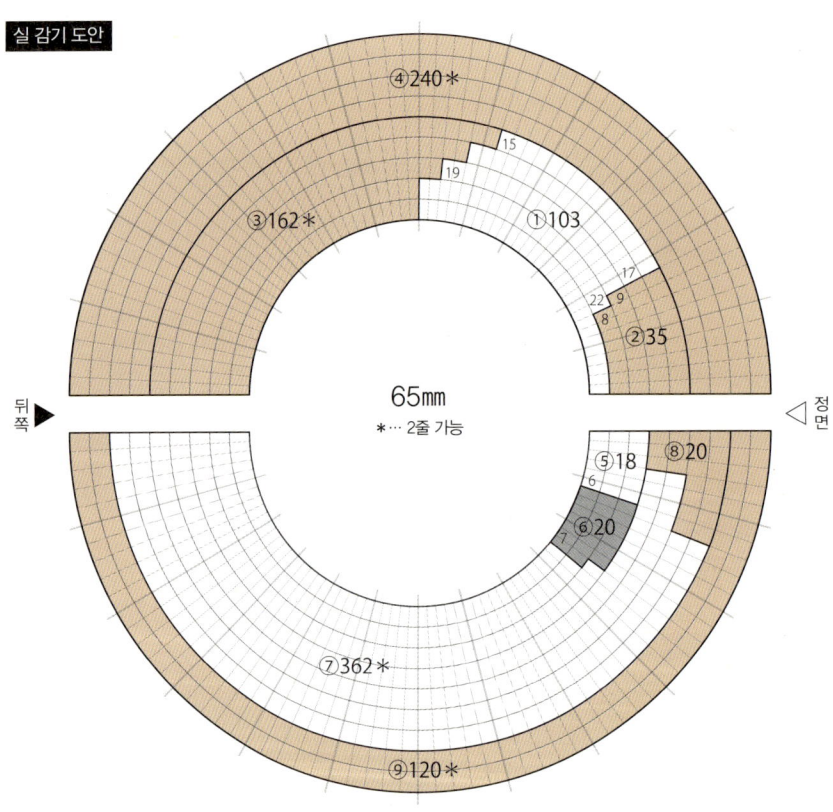

65mm
＊··· 2줄 가능

④240＊
③162＊
①103
②35
⑤18　⑧20
⑥20
⑦362＊
⑨120＊

뒤쪽 ▶　◁ 정면

6cm

약 2cm

실을 다 감은 상태

68

오른쪽   위

정면

왼쪽   아래

만드는 방법

1. 65mm짜리 폼폼 메이커에 ①～⑨의 순서로 실을 감아서 폼폼을 만든다.
⇒ 38～39쪽, 42～43쪽 참조

2. 실을 다 감은 상태의 사진에서 점선 부분(머즐)의 실을 니들 펠트용 바늘로 콕콕 찔러 화살표 방향으로 모은다.ⓐ ⇒ 44쪽 참조

3. 실을 자르는 기준을 참고하여 2에서 모아 놓은 머즐 위쪽과 턱 밑의 실을 자르고, 여러 각도에서 모양을 확인하며 폼폼을 잘라 올록볼록한 얼굴을 만든다. 다시 니들 펠트용 바늘로 머즐을 콕콕 찔러 뭉친 뒤 잘라서 모양을 잡는다.ⓑ

4. 귀를 만든다. ● 10번 실을 지정한 크기의 두꺼운 종이에 30회 감은 뒤 그 위를 덮듯이 ● 9번 실을 20회 감는다.ⓒ 한쪽 가장자리를 레이스실(또는 가는 연줄) 약 40cm로 이중 매듭을 지어서 잡아당긴 뒤 다시 매듭(역방향)을 짓는다. 실을 두꺼운 종이에서 떼어내서 고리 끝을 가위로 자른다. 다른 한쪽의 귀도 똑같은 방법으로 만든다.
귀를 묶은 레이스실을 털실용 돗바늘에 꿴 뒤 본체의 귀 부착 위치에 찔러서 관통시키고, 다른 한쪽 귀의 레이스실과 이중 매듭을 지어서 잡아당긴다. 다시 귀 안쪽의 연결 부분에서 매듭(역방향)을 짓고, 매듭에 접착제를 발라서 보강한 뒤 남은 레이스실은 잘라낸다. ⇒ 61쪽 참조

5. 눈과 코를 접착제로 붙인다. ⇒ 46쪽, 52쪽 참조

6. ● 10번 실을 15cm×2줄 준비해서 니들 펠트용 바늘로 눈 주위를 에워싸듯, 한 줄씩 콕콕 찔러 눈꺼풀을 만든다. ⇒ 53쪽 참조

7. 소량의 검은색 양모를 니들 펠트용 바늘로 콕콕 찔러 코에서 입으로 이어지는 라인을 넣는다. ⇒ 47쪽 참조

8. 전체의 균형을 확인하며 잘라서 마무리하면 완성.

ⓐ

ⓑ

ⓒ

재패니즈 친

→ p.15

⊙ 완성 치수(대략)

… 가로 100mm×세로 60mm×두께 65mm

⊙ 폼폼 메이커 … 65mm

재료		
본체	:	iroiro (○1) (●40) (●47) (●49)
귀	:	iroiro (●47)
눈	:	코믹 아이(검은색 9mm) … 2개
눈꺼풀	:	iroiro (●49) … 20cm×2줄
코	:	나사형 개 코(블랙 10mm) … 1개
코~입 라인	:	양모(검은색) … 소량

실 감기 도안

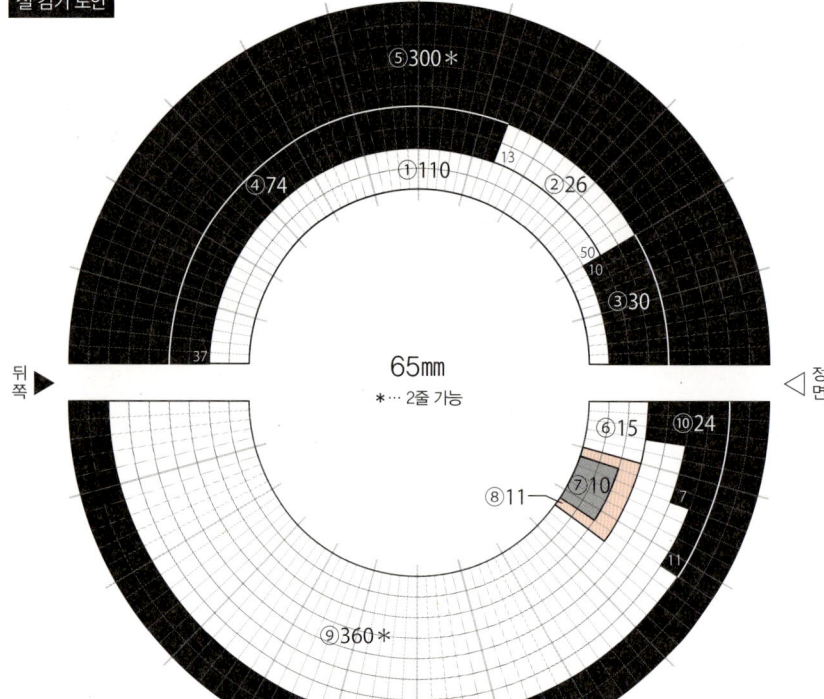

⑤300＊

④74　①110　13　②26

50
10

③30

뒤
쪽▶

65mm
＊… 2줄 가능

⊲ 정면

37

⑥15　⑩24

⑧11 ⑦10

7

11

⑨360＊

⑪120＊

귀 두꺼운 종이 가로 6cm×세로 6cm

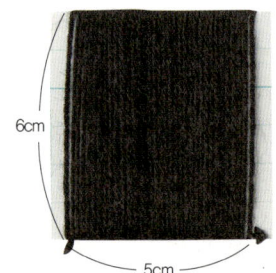

6cm

5cm

실을 다 감은 상태

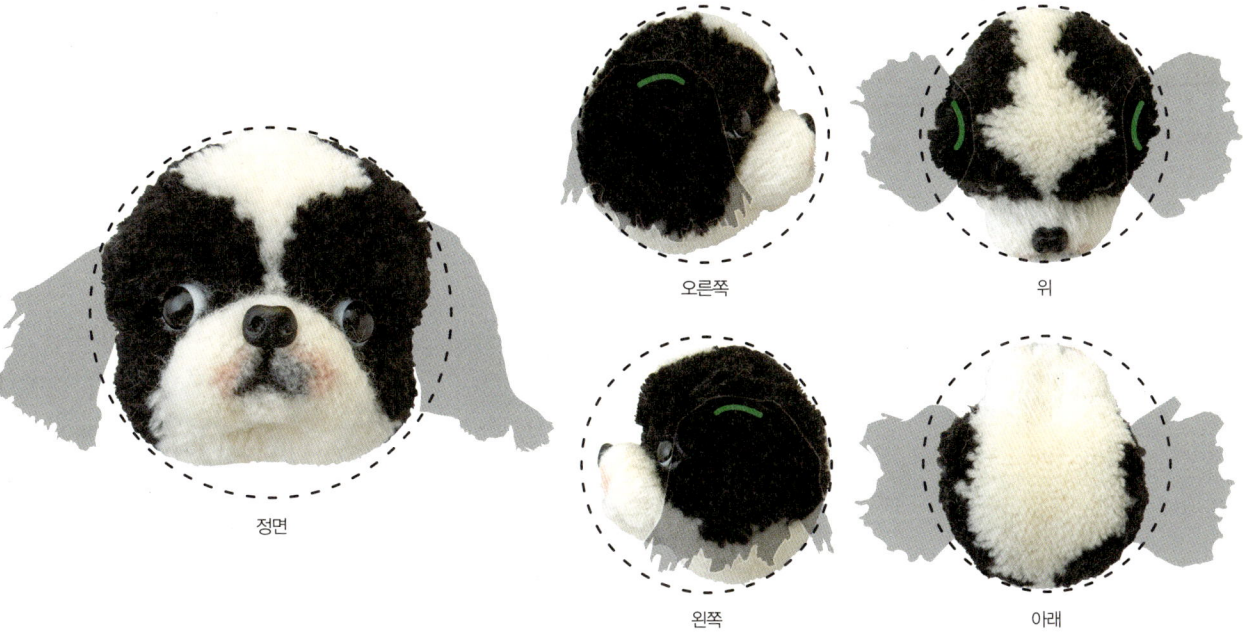

정면

오른쪽

위

왼쪽

아래

만드는 방법

1 65mm짜리 폼폼 메이커에 ①~⑪의 순서로 실을 감아서 폼폼을 만든다.
⇒ 38~39쪽, 42~43쪽 참조

2 실을 다 감은 상태의 사진에서 점선 부분(머즐)의 실을 니들 펠트용 바늘
로 콕콕 찔러 중심으로 모은다. ⇒ 44쪽 참조

3 실을 자르는 기준을 참고하여 2에서 모아 놓은 머즐 주위와 턱 밑의 실
을 자르고, 여러 각도에서 모양을 확인하며 폼폼을 잘라 올록볼록한 얼
굴을 만든다. 다시 니들 펠트용 바늘로 머즐을 콕콕 찔러 뭉친 뒤 잘라서
모양을 잡는다. ⇒ 45쪽 참조

4 눈과 코를 접착제로 붙인다. ⇒ 46쪽, 52쪽 참조

5 ● 49번 실을 20cm×2줄 준비해서 니들 펠트용 바늘로 눈 주위를 에워
싸듯, 한 줄씩 콕콕 찔러 눈꺼풀을 만든다. ⇒ 53쪽 참조

6 소량의 검은색 양모를 니들 펠트용 바늘로 콕콕 찔러 코에서 입으로 이
어지는 라인을 넣는다. ⇒ 47쪽 참조

7 귀를 만든다. ● 47번 실을 지정한 크기의 두꺼운 종이에 40회 감은 뒤
밑에서 1.5cm 정도 남기고 전체의 폭이 약 4cm가 될 때까지 니들 펠트용
바늘로 찔러 연결하여 자른다.ⓐ 윗부분을 안으로 접은 뒤ⓑ 본체의 귀
부착 위치에 끼워 넣고 니들 펠트용 바늘로 콕콕 찔러ⓒ 고정한다.

8 전체의 균형을 확인하며 잘라서 마무리하면 완성.

미니어처 닥스훈트

→ p.16

⊙ 완성 치수(대략)

… 가로 90mm×세로 65mm×두께 68mm

⊙ 폼폼 메이커 … 65mm

재료

본체	: iroiro (●5) (●6) (●47) (●49)
귀의 기초	: 양모(검은색) … 소량
귀의 안쪽	: 양모(캐러멜) … 소량
눈	: 플라스틱 아이(다크 브라운 9mm) … 2개
눈꺼풀	: iroiro (●47) 20cm×2줄
코	: 양모(검은색) … 소량
코~입 라인	: 양모(검은색) … 소량

실 감기 도안

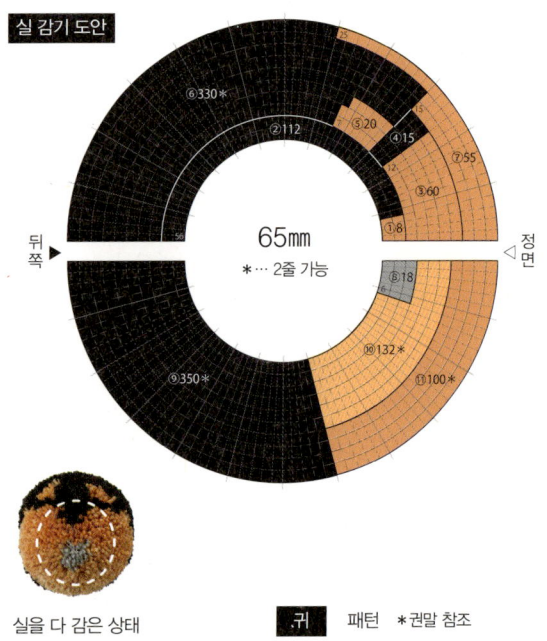

65mm
*… 2줄 가능

뒤쪽 ▶   ◁ 정면

⑥330*
②112
⑤20
④15
⑦55
③60
①8
⑧18
⑩132*
⑨350*
⑪100*

실을 다 감은 상태

| **귀** | 패턴 *권말 참조 |

만드는 방법

1 65mm짜리 폼폼 메이커에 ①~⑪의 순서로 실을 감아서 폼폼을 만든다. ⇒ 38~39쪽, 42~43쪽 참조

2 실을 다 감은 상태의 사진에서 점선 부분(머즐)의 실을 니들 펠트용 바늘로 콕콕 찔러 중심으로 모은다. ⇒ 44쪽 참조

3 실을 자르는 기준을 참고하여 2에서 모아 놓은 머즐 주위와 턱 밑의 실을 자르고, 여러 각도에서 모양을 확인하며 폼폼을 잘라 올록볼록한 얼굴을 만든다. 다시 니들 펠트용 바늘로 머즐을 콕콕 찔러 뭉친 뒤 잘라서 모양을 잡는다. ⇒ 45쪽 참조

4 눈을 접착제로 붙인다. 검은색 양모를 사용해서 코를 만든 뒤 니들 펠트용 바늘로 찔러 본체에 고정한다. ⇒ 46쪽 참조

5 ● 47번 실을 20cm×2줄 준비해서 니들 펠트용 바늘로 눈 주위를 에워싸듯, 한 줄씩 콕콕 찔러 눈꺼풀을 만든다. ⇒ 53쪽 참조

6 소량의 검은색 양모를 니들 펠트용 바늘로 콕콕 찔러 코에서 입으로 이어지는 라인을 넣는다. ⇒ 47쪽 참조

7 귀를 만든다. 검은색 양모를 사용해서 귀의 기초를 만들고 캐러멜 색상의 양모를 니들 펠트용 바늘로 콕콕 찔러 얇은 시트 모양을 만든 뒤 잘라서 기초 안쪽에 찔러 고정한다. 윗부분의 한쪽을 안으로 접은 뒤 본체의 귀 부착 위치에 끼워 넣고, 니들 펠트용 바늘로 콕콕 찔러 고정한다. ⇒ 50~51쪽 참조

8 전체의 균형을 확인하며 잘라서 마무리하면 완성.

실을 자르는 기준 / 귀 부착 위치

정면

오른쪽

왼쪽

위

아래

웰시 코기

→ p.17

⊙ 완성 치수(대략)

··· 가로 70mm×세로 85mm×두께 68mm

⊙ 폼폼 메이커 ··· 65mm

재료

본체	: iroiro (○1) (●4) (●5) (●49)
귀의 기초	: iroiro (●4)
귀의 안쪽	: 양모(흰색) ··· 소량
눈	: 나사형 눈(검은색 8mm) ··· 2개
눈꺼풀	: iroiro (●4) ··· 20cm×2줄
코	: 양모(검은색) ··· 소량
코～입 라인	: 양모(검은색) ··· 소량

실 감기 도안

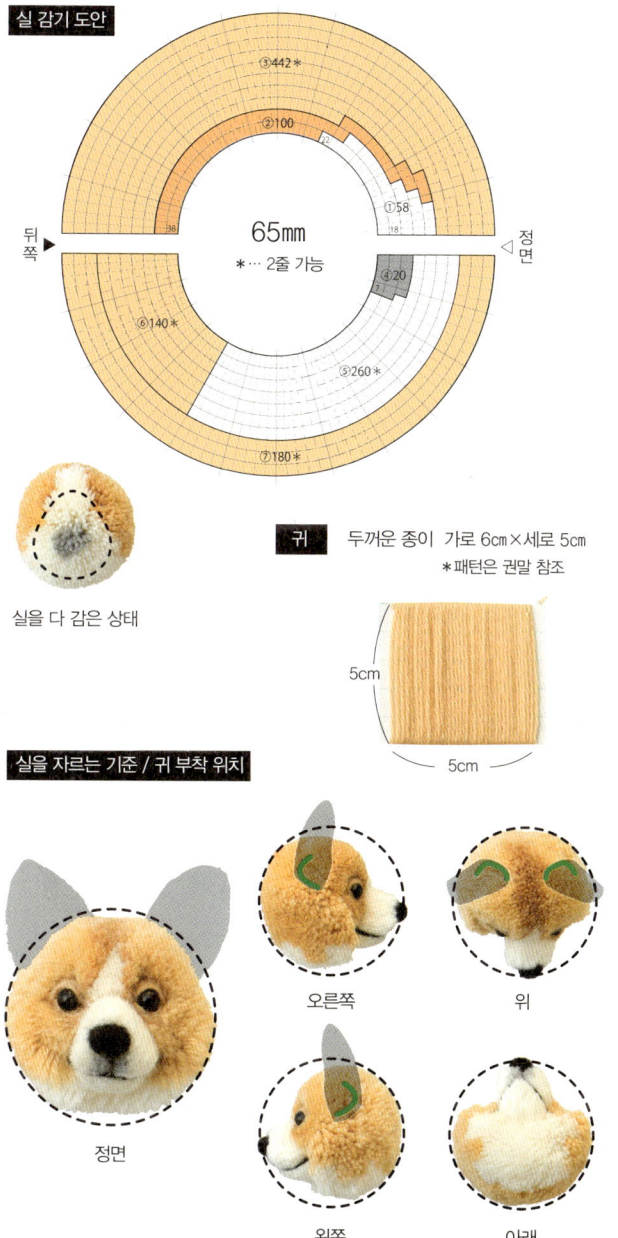

③442 *
②100
①58
18
65mm
*··· 2줄 가능
④20
⑥140 *
⑤260 *
⑦180 *

뒤쪽 ▶
◁ 정면

실을 다 감은 상태

귀

두꺼운 종이 가로 6cm×세로 5cm
*패턴은 권말 참조

5cm

5cm

실을 자르는 기준 / 귀 부착 위치

정면

오른쪽

위

왼쪽

아래

만드는 방법

1 65mm짜리 폼폼 메이커에 ①～⑦의 순서로 실을 감아서 폼폼을 만든다. ⇒ 38～39쪽, 42～43쪽 참조

2 실을 다 감은 상태의 사진에서 점선 부분(머즐)의 실을 니들 펠트용 바늘로 콕콕 찔러 중심으로 모은다. ⇒ 44쪽 참조

3 실을 자르는 기준을 참고하여 2에서 모아 놓은 머즐 주위와 턱 밑의 실을 자르고, 여러 각도에서 모양을 확인하며 폼폼을 잘라 올록볼록한 얼굴을 만든다. 다시 니들 펠트용 바늘로 머즐을 콕콕 찔러 뭉친 뒤 잘라서 모양을 잡는다. ⇒ 45쪽 참조

4 눈과 코를 접착제로 붙인다. 검은색 양모를 사용해서 코를 만든 뒤 니들 펠트용 바늘로 찔러 본체에 고정한다. ⇒ 46쪽 참조

5 ● 4번 실을 20cm×2줄 준비해서 니들 펠트용 바늘로 눈 주위를 에워싸듯, 한 줄씩 콕콕 찔러 눈꺼풀을 만든다. ⇒ 53쪽 참조

6 소량의 검은색 양모를 니들 펠트용 바늘로 콕콕 찔러 코에서 입으로 이어지는 라인을 넣는다. ⇒ 47쪽 참조

7 귀를 만든다. ● 4번 실을 지정한 크기의 두꺼운 종이에 40회 감은 뒤 전체의 폭이 약 4cm가 될 때까지 니들 펠트용 바늘로 찔러 연결하여 잘라서 귀의 기초를 만든다. 소량의 흰색 양모를 니들 펠트용 바늘로 콕콕 찔러 얇은 시트 모양을 만든 뒤 잘라서 기초 안쪽에 찔러 고정한다. 본체의 귀 부착 위치에 끼워 넣고 니들 펠트용 바늘로 콕콕 찔러 고정한다. ⇒ 48～49쪽 참조

8 전체의 균형을 확인하며 잘라서 마무리하면 완성.

비글

→ p.20

◉ 완성 치수(대략)

… 가로 90mm×세로 60mm×두께 68mm

◉ 폼폼 메이커 … 65mm

재료

본체	: iroiro (○1) (●5) (●49)
귀	: 양모(캐러멜) … 소량
	: 패브릭용 스탬프잉크(에스프레소)
눈	: 크리스털 아이(브라운 7.5mm) … 2개
아이라인	: 양모(검은색) … 소량
코	: 양모(검은색) … 소량
코~입 라인	: 양모(검은색) … 소량

실 감기 도안

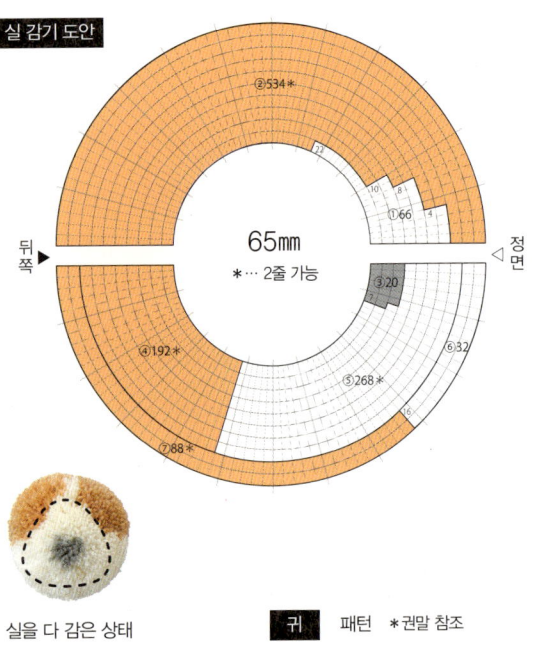

65mm
* … 2줄 가능

②534*
①66
⑩
⑧
⑨
③20
④192*
⑤268*
⑥32
⑦88*

뒤쪽 ▶
◁ 정면

실을 다 감은 상태

귀 패턴 *권말 참조

만드는 방법

1 65mm짜리 폼폼 메이커에 ①~⑦의 순서로 실을 감아서 폼폼을 만든다. ⇒ 38~39쪽, 42~43쪽 참조

2 실을 다 감은 상태의 사진에서 점선 부분(머즐)의 실을 니들 펠트용 바늘로 콕콕 찔러 중심으로 모은다. ⇒ 44쪽 참조

3 실을 자르는 기준을 참고하여 2에서 모아 놓은 머즐 주위와 턱 밑의 실을 자르고, 여러 각도에서 모양을 확인하며 폼폼을 잘라 올록볼록한 얼굴을 만든다. 다시 니들 펠트용 바늘로 머즐을 콕콕 찔러 뭉친 뒤 잘라서 모양을 잡는다. ⇒ 45쪽 참조

4 눈을 접착제로 붙인다. 검은색 양모를 사용해서 코를 만든 뒤 니들 펠트용 바늘로 찔러 본체에 고정한다. ⇒ 46쪽 참조

5 소량의 검은색 양모를 니들 펠트용 바늘로 콕콕 찔러 아이라인과 코에서 입으로 이어지는 라인을 넣는다. ⇒ 47쪽 참조

6 캐러멜 색상의 양모로 귀를 만든다. ⇒ 50쪽 참조
귀 바깥쪽 가장자리 부근을 패브릭용 스탬프잉크로 착색한 뒤 티슈나 자투리 천을 위에 대고 다림질한다. 귀 연결 부분의 한쪽을 안으로 접은 뒤 본체의 귀 부착 위치에 끼워 넣고 니들 펠트용 바늘로 콕콕 찔러 고정한다. ⇒ 51쪽 참조

7 전체의 균형을 확인하며 잘라서 마무리하면 완성.

실을 자르는 기준 / 귀 부착 위치

정면

오른쪽

위

왼쪽

아래

미니어처 핀셔

→ p.22

⊙ 완성 치수(대략)

… 가로 80mm×세로 100mm×두께 68mm

⊙ 폼폼 메이커 … 65mm

재료

본체	: iroiro (●6) (●8) (●47) (●48)
귀의 기초	: 양모(검은색) … 소량
귀의 안쪽	: 양모(그레이지) … 소량
눈	: 플라스틱 아이(다크 브라운 9mm) … 2개
눈꺼풀	: iroiro (●47) … 20cm×2줄
코	: 양모(검은색) … 소량
코~입 라인	: 양모(검은색) … 소량

실 감기 도안

⑤330＊
①120
④20
③20
⑥55
⑤55

뒤쪽 ▶

65mm
＊… 2줄 가능

◁ 정면

⑦18

⑨182＊
⑧350＊
①50

실을 다 감은 상태

귀 패턴 ＊권말 참조

만드는 방법

1 65mm짜리 폼폼 메이커에 ①~⑩의 순서로 실을 감아서 폼폼을 만든다. ⇒ 38~39쪽, 42~43쪽 참조

2 실을 다 감은 상태의 사진에서 점선 부분(머즐)의 실을 니들 펠트용 바늘로 콕콕 찔러 중심으로 모은다. ⇒ 44쪽 참조

3 실을 자르는 기준을 참고하여 2에서 모아 놓은 머즐 주위와 턱 밑의 실을 자르고, 여러 각도에서 모양을 확인하며 폼폼을 잘라 올록볼록한 얼굴을 만든다. 다시 니들 펠트용 바늘로 머즐을 콕콕 찔러 뭉친 뒤 잘라서 모양을 잡는다. ⇒ 45쪽 참조

4 눈을 접착제로 붙인다. 검은색 양모를 사용해서 코를 만든 뒤 니들 펠트용 바늘로 찔러 본체에 고정한다. ⇒ 46쪽 참조

5 ● 47번 실을 20cm×2줄 준비해서 니들 펠트용 바늘로 눈 주위를 에워싸듯, 한 줄씩 콕콕 찔러 눈꺼풀을 만든다. ⇒ 53쪽 참조

6 소량의 검은색 양모를 니들 펠트용 바늘로 콕콕 찔러 코에서 입으로 이어지는 라인을 넣는다. ⇒ 47쪽 참조

7 귀를 만든다. 검은색 양모를 사용해서 귀의 기초를 만들고 그레이지 색상의 양모를 니들 펠트용 바늘로 콕콕 찔러 얇은 시트 모양을 만든 뒤 잘라서 기초 안쪽에 찔러 고정한다. 귀 연결 부분을 반으로 접은 뒤 본체의 귀 부착 위치에 끼워 넣고 니들 펠트용 바늘로 콕콕 찔러 고정한다. ⇒ 50~51쪽 참조

8 전체의 균형을 확인하며 잘라서 마무리하면 완성.

실을 자르는 기준 / 귀 부착 위치

정면

오른쪽

위

왼쪽

아래

요크셔테리어

→ p.23

⊙ 완성 치수(대략)
… 가로 75mm×세로 100mm×두께 68mm

⊙ 폼폼 메이커 … 65mm

재료

본체	: iroiro (●3) (●5) (●47) (●48)
귀의 기초	: 양모(검은색) … 소량
귀의 안쪽	: 양모(그레이지) … 소량
눈	: 나사형 눈(검은색 8mm) … 2개
눈꺼풀	: iroiro (●48) … 20cm×2줄
코	: 양모(검은색) … 소량
코~입 라인	: 양모(검은색) … 소량
수염	: iroiro (●3) (●48) … 각 8cm×8줄

실 감기 도안

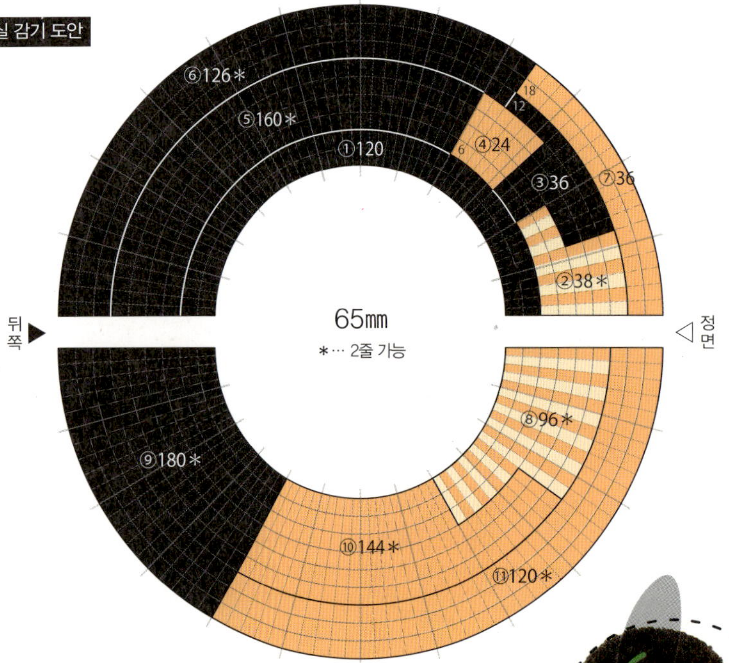

⑥126＊
⑤160＊
①120
18
12
6 ④24
③36 ⑦36
②38＊
⑨180＊
⑧96＊
⑩144＊
⑪120＊

65mm
＊… 2줄 가능

뒤쪽 ▶

◁ 정면

귀 패턴 ＊권말 참조

실을 다 감은 상태

실을 자르는 기준 / 귀 부착 위치

오른쪽

위

정면

왼쪽

아래

76

미니어처 슈나우저

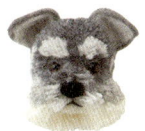

→ p.23

⊙ 완성 치수(대략)

… 가로 65㎜×세로 85㎜×두께 68㎜

⊙ 폼폼 메이커 … 65㎜

재료

본체	: iroiro (○1) (●48) (●49) (●50)
귀의 기초	: 양모(그레이) … 소량
귀의 안쪽	: 양모(흰색) … 소량
눈	: 플라스틱 아이(다크 브라운 9㎜) … 2개
눈꺼풀	: iroiro (●48) … 20㎝×2줄
코	: 양모(검은색) … 소량
코~입 라인	: 양모(검은색) … 소량
수염	: iroiro (●48) (●50) … 각 8㎝×8줄

실 감기 도안

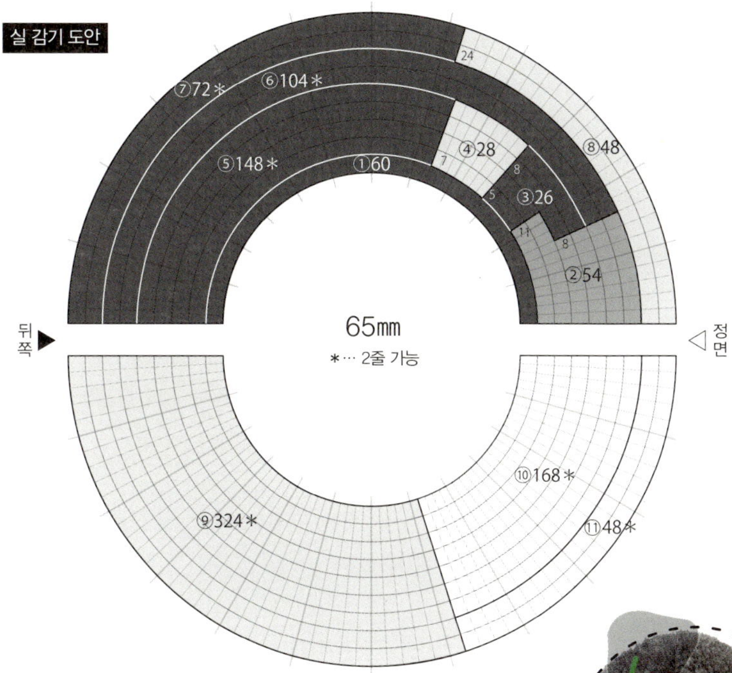

⑦72＊
⑥104＊
24
⑤148＊
①60
7
④28
⑧48
8
5
③26
11
8
②54
뒤쪽
65㎜
＊… 2줄 가능
정면
⑩168＊
⑨324＊
⑪48＊

귀 패턴 ＊권말 참조

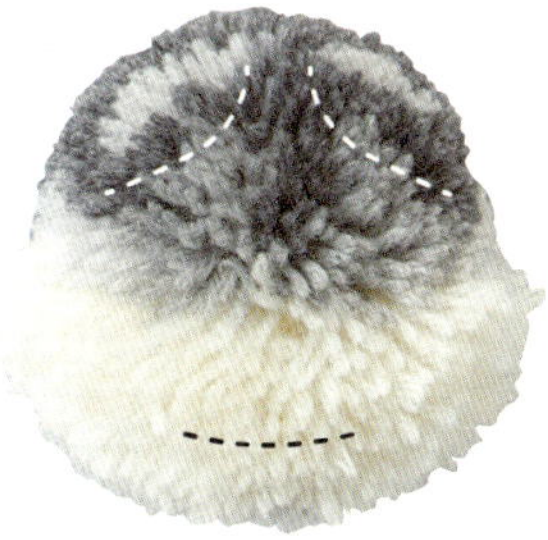

실을 다 감은 상태

실을 자르는 기준 / 귀 부착 위치

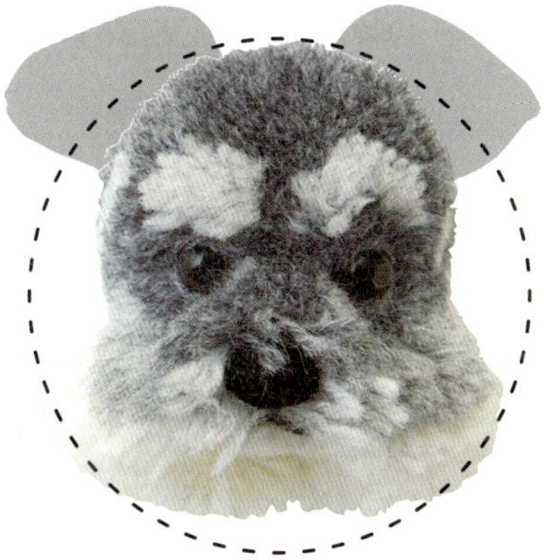

정면

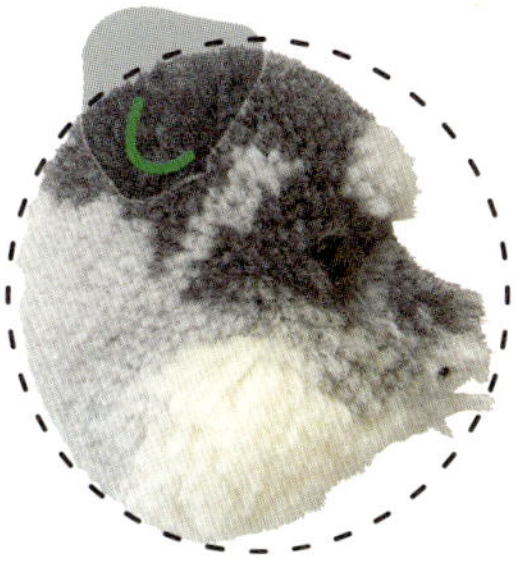

오른쪽

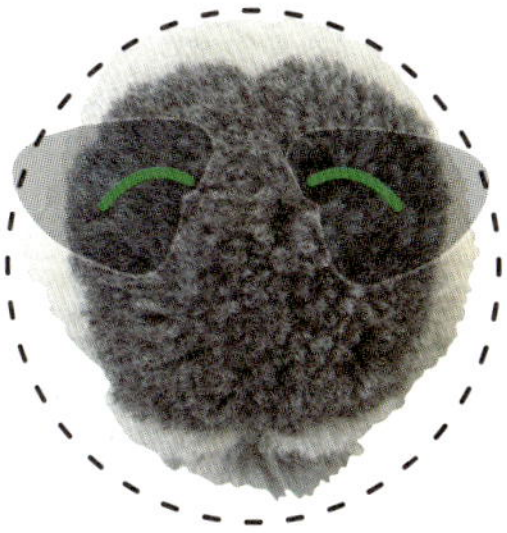

위

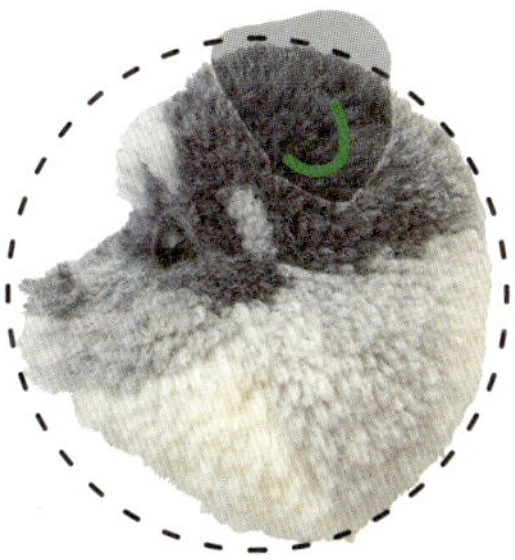

왼쪽

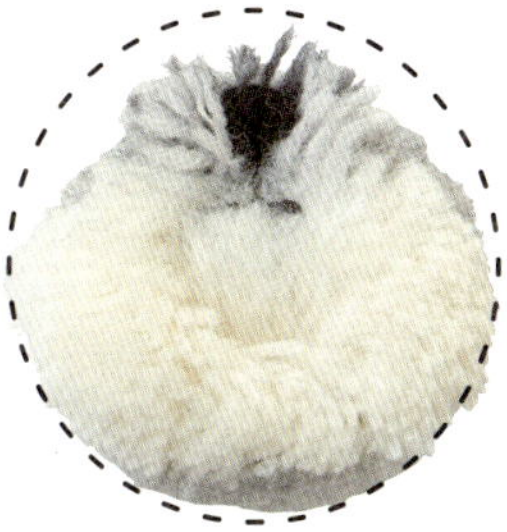

아래

＊만드는 방법 ⇒78쪽

만드는 방법

1 65㎜짜리 폼폼 메이커에 ①~⑪의 순서로 실을 감아서 폼폼을 만든다.
미니어처 슈나우저는 ⑩을 느슨하게 감고 나머지는 꽉 잡아당겨서 감는
다. 요크셔테리어의 ②, ⑧ 부분은 ○ 3번과 ● 6번의 실을 2줄로 감는
다. ⇒ 38~39쪽, 42~43쪽, 63쪽 1번 참조

2 실을 다 감은 상태의 사진에서 점선 부분(머즐)의 실을 니들 펠트용 바늘
로 콕콕 찔러 화살표 방향으로 모은다. ⓐ ⇒ 44쪽 참조

3 실을 자르는 기준을 참고하여 2에서 모아 놓은 머즐 위쪽의 실을 자르
고, 여러 각도에서 모양을 확인하며 입 주위와 눈썹 부분의 실을 길게
남겨 모양을 잡는다. 다시 니들 펠트용 바늘로 머즐을 콕콕 찔러 뭉친
다. ⇒ 45쪽 참조

4 눈을 접착제로 붙인다. 검은색 양모를 사용해서 코를 만든 뒤 니들 펠트
용 바늘로 찔러 본체에 고정한다. ⇒ 46쪽 참조

5 지정한 색상의 실을 20㎝×2줄 준비해서 니들 펠트용 바늘로 눈 주위
를 에워싸듯, 한 줄씩 콕콕 찔러 눈꺼풀을 만든다. ⇒ 53쪽 참조

6 소량의 검은색 양모를 니들 펠트용 바늘로 콕콕 찔러 코에서 입으로 이
어지는 라인을 넣는다. ⇒ 47쪽 참조

7 귀를 만든다. 지정한 색상의 양모를 사용해서 귀의 기초를 만들고 안쪽
용 양모를 니들 펠트용 바늘로 콕콕 찔러 얇은 시트 모양을 만든 뒤 잘
라서 기초의 안쪽에 찔러 고정한다. 귀 연결 부분을 반으로 접은 뒤 본
체의 귀 부착 위치에 끼워 넣고 니들 펠트용 바늘로 콕콕 찔러 고정한
다. ⇒ 50~51쪽 참조
미니어처 슈나우저는 귀가 앞쪽으로 쓰러지도록 구부리고 니들 펠트용
바늘을 사용해서 접은 선 부분을 위에서 콕콕 찔러 자국을 만든다.

8 요크셔테리어는 ○ 3번과 ● 48번 실을 각각 8cm×8줄씩 준비해서 코
위에 ● 48번 실 여덟 줄, 코 양옆에 ○ 3번 실 각 네 줄씩 가운데 부분
을 니들 펠트용 바늘로 콕콕 찌르고 여분을 잘라낸다.
미니어처 슈나우저는 ● 48번과 ○ 50번 실을 각각 8cm×8줄씩 준비
해서 코 위에 ● 48번 실 여덟 줄, 코 양 옆에 ○ 50번 실 네 줄씩 가운
데 부분을 니들 펠트용 바늘로 콕콕 찌르고 여분을 잘라낸다. ⓑ 1~2

9 전체의 균형을 확인하며 잘라서 마무리하면 완성.

비숑프리제

→ p.26

◉ 완성 치수(대략)

… 가로 70mm×세로 70mm×두께 70mm

◉ 폼폼 메이커 … 65mm

재료

본체	: 양털에 가까운 메리노울 (○1)
	: iroiro (●49) (●50)
눈	: 나사형 눈(검은색 6mm) … 2개
아이라인	: iroiro (●50) … 10cm×1줄
코	: 양모(초콜릿색) … 소량
코~입 라인	: 양모(검은색) … 소량
※ 혀	: 양모(카메오 로즈) … 소량
턱의 기초	: 양털에 가까운 메리노울 (○1) … 20cm×1줄
턱의 안쪽	: 양모(검은색) … 소량

실 감기 도안

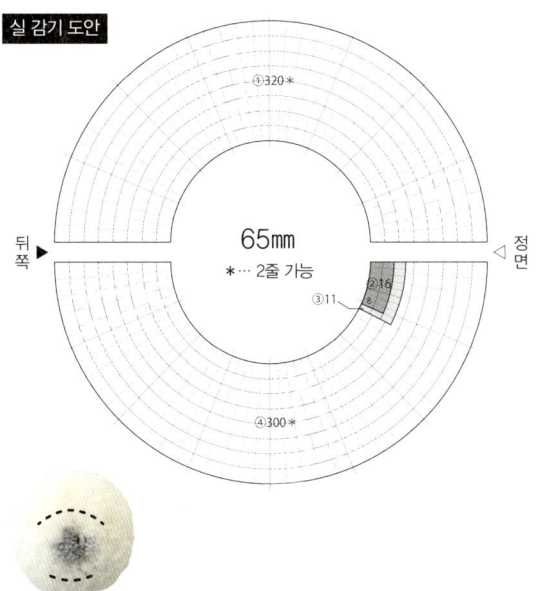

65mm

＊… 2줄 가능

④320＊

③11

②16

④300＊

뒤쪽 ▶

△ 정면

실을 다 감은 상태

만드는 방법

1 65mm짜리 폼폼 메이커에 ①~④의 순서로 실을 감아서 폼폼을 만든다.
⇒ 38~39쪽, 42~43쪽 참조

2 실을 다 감은 상태의 사진에서 점선 부분(머즐)의 실을 니들 펠트용 바늘
로 콕콕 찔러 화살표 방향으로 모은다.ⓐ ⇒ 44쪽 참조

ⓐ

3 실을 자르는 기준을 참고하여 2에서 모아 놓은 머즐 위쪽의 실을 살짝
잘라 모양을 잡는다. 다시 니들 펠트용 바늘로 머즐을 콕콕 찔러 뭉친
뒤 잘라서 모양을 잡는다. ⇒ 45쪽 참조

4 눈을 접착제로 붙인다. ⇒ 46쪽 참조
눈 위쪽의 실을 들어 올리듯 니들 펠트용 바늘로 집어 위쪽으로 콕콕 찌
른다. 초콜릿색 양모를 사용해서 코를 만든 뒤 본체에 찔러서 고정한다.

5 ◦ 50번 실을 반으로 갈라서 아이라인을 넣는다. 소량의 검은색 양모를
니들 펠트용 바늘로 콕콕 찔러 코에서 입으로 이어지는 라인을 넣는다.
⇒ 47쪽 참조

6 전체의 균형을 확인하며 잘라서 마무리하면 완성.

※ 혀나 턱을 붙일 경우에는 지정한 색상의 양모와 털실을 니들 펠트용 바늘로
콕콕 찔러 뭉쳐서 각 부위를 만든 뒤 입 부분에 찔러서 고정한다. ⇒ 54쪽
참조

실을 자르는 기준

정면

오른쪽

위

왼쪽

아래

퍼그

→ p.24

⊙ 완성 치수(대략)

··· 가로 75mm×세로 58mm×두께 58mm

⊙ 폼폼 메이커 ··· 65mm

재료

본체	: iroiro (2) (9) (10) (11)
귀	: 양모(초콜릿색) ··· 소량
눈	: 코믹 아이(블랙 9mm) ··· 2개
눈꺼풀	: iroiro (10) ··· 20cm×2줄
아이라인	: 양모(검은색) ··· 소량
코	: 양모(검은색) ··· 소량
코~입 라인	: 양모(검은색) ··· 소량
주름	: 양모(초콜릿색) ··· 소량

※혀 : 양모(카메오 로즈) ··· 소량

실 감기 도안

귀 패턴 *권말 참조

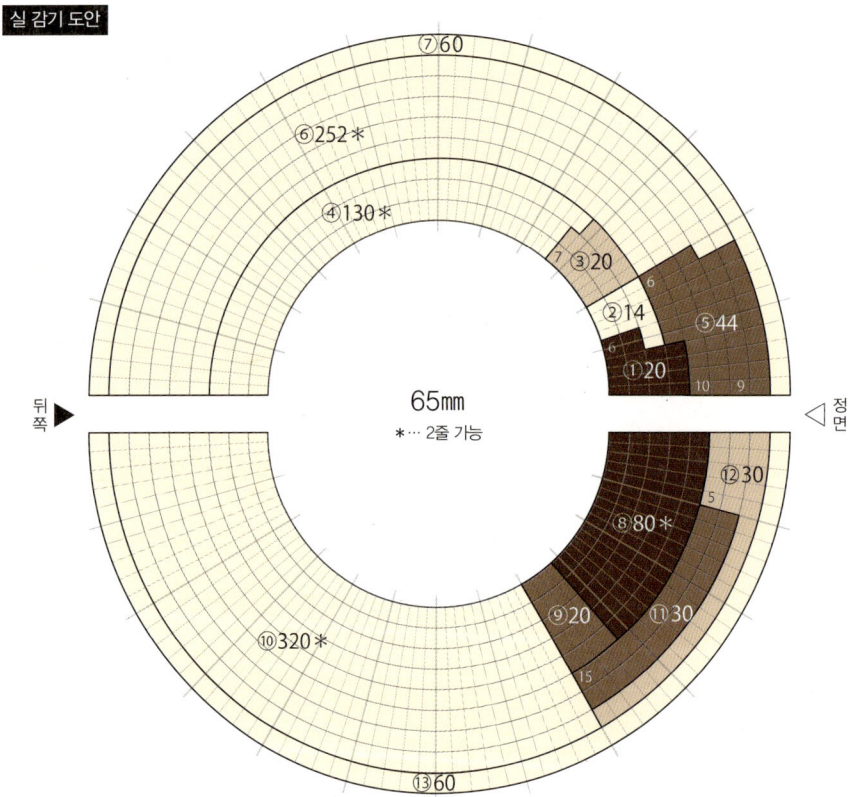

⑦60
⑥252 *
④130 *
⑦ ③20
⑤44
②14
①20
65mm
*··· 2줄 가능
뒤쪽 ▶
◁ 정면
⑫30
⑧80 *
⑨20
⑪30
⑩320 *
⑬60

실을 다 감은 상태

80

정면

오른쪽

위

왼쪽

아래

만드는 방법

1 65mm짜리 폼폼 메이커에 ①~⑬의 순서로 실을 감아서 폼폼을 만든다.
⇒ 38~39쪽, 42~43쪽 참조

2 실을 다 감은 상태의 사진에서 점선 부분(머즐)의 실을 니들 펠트용 바늘로 콕콕 찔러 화살표 방향으로 모은다.ⓐ ⇒ 44쪽 참조

3 실을 자르는 기준을 참고하여 2에서 모아 놓은 머즐 위쪽과 턱 밑, 얼굴 양옆의 실을 자르고ⓑ 앞면도 평평하게 자른다.ⓒ 여러 각도에서 모양을 확인하며 폼폼을 잘라 올록볼록한 얼굴을 만든다. ⇒ 45쪽 참조

4 눈을 접착제로 붙인다. 검은색 양모를 사용해서 코를 만든 뒤 니들 펠트용 바늘로 찔러 본체에 고정한다. ⇒ 46쪽 참조

5 ● 10번 실을 20cm×2줄 준비해서 니들 펠트용 바늘로 눈 주위를 에 워싸듯, 한 줄씩 콕콕 찔러 눈꺼풀을 만든다. 눈꺼풀과 눈의 경계에는 검은색 양모를 사용해서 아이라인을 넣는다. ⇒ 53쪽 참조

6 소량의 검은색 양모를 니들 펠트용 바늘로 콕콕 찔러 코에서 입으로 이어지는 라인을 넣는다. ⇒ 47쪽 참조

7 소량의 초콜릿색 양모를 사용해서 얼굴 주름을 넣는다.ⓓ

8 초콜릿색 양모를 사용해서 귀를 만든다. ⇒ 50쪽 참조
귀 연결 부분의 한쪽을 안으로 접은 뒤 본체의 귀 부착 위치에 끼워 넣고 니들 펠트용 바늘로 콕콕 찔러 고정한다. ⇒ 51쪽 참조

9 전체의 균형을 확인하며 잘라서 마무리하면 완성.

※ 혀를 붙일 경우에는 지정한 색상의 양모를 니들 펠트용 바늘로 콕콕 찔러 뭉쳐서 혀를 만든 뒤 입 부분에 찔러서 고정한다. ⇒ 54쪽 참조

ⓐ

ⓑ 정면

오른쪽

ⓒ 정면

오른쪽

ⓓ

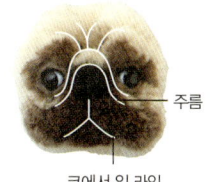

주름

코에서 입 라인

81

불테리어

→ p.27

⊙ 완성 치수(대략)

… 가로 60mm×세로 80mm×두께 70mm

⊙ 폼폼 메이커 … 65mm

재료	
본체	: iroiro (○1) (●10) (●40)
귀의 기초	: 양모(흰색) … 소량
귀의 안쪽	: 양모(연분홍색) … 소량
눈	: 나사형 눈(검은색 6mm) … 2개
아이라인	: 양모(검은색) … 소량
코	: 양모(검은색) … 소량
코~입 라인	: 양모(검은색) … 소량

실 감기 도안

귀 패턴 *권말 참조

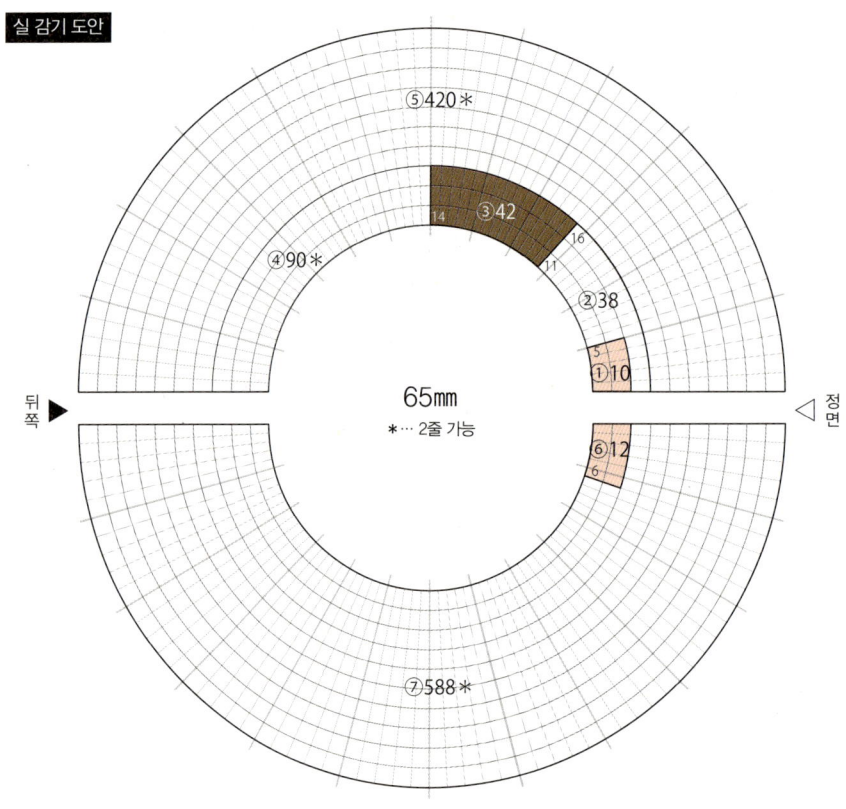

⑤420*

③42

②38

①10

④90*

65mm

*… 2줄 가능

⑥12

⑦588*

뒤쪽 ▶

◁ 정면

실을 다 감은 상태

정면

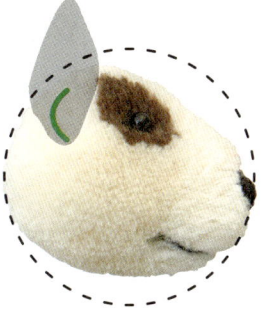

오른쪽

위

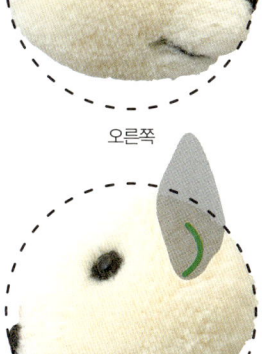

왼쪽

아래

만드는 방법

1 65mm짜리 폼폼 메이커에 ①~⑦의 순서로 실을 감아서 폼폼을 만든다.
⇒ 38~39쪽, 42~43쪽 참조

2 ③의 부분이 한쪽 눈의 위치가 되도록 머리 꼭대기 부분에 시침핀을 꽂
아서 표시한 뒤ⓐ 사진 ⓑ를 참고하여 얼굴 전체의 모양을 길쭉하게 자
른다.

3 ⓑ의 점선 부분(머즐) 실을 니들 펠트용 바늘로 콕콕 찔러 중심으로 모은
다.ⓒ 다시 여러 각도에서 확인하며 폼폼을 잘라 모양을 잡는다.ⓓ

4 눈을 접착제로 붙인다. 검은색 양모를 사용해서 코를 만든 뒤 니들 펠트
용 바늘로 찔러 본체에 고정한다. ⇒ 46쪽 참조

5 소량의 검은색 양모를 니들 펠트용 바늘로 콕콕 찔러 아이라인과 코에
서 입으로 이어지는 라인을 넣는다. ⇒ 47쪽 참조

6 귀를 만든다. 흰색 양모를 사용해서 귀의 기초를 만들고 연분홍색 양모
를 기초 안쪽에 니들 펠트용 바늘로 콕콕 찔러 고정한다. 귀 연결 부분
을 반으로 접은 뒤 본체의 귀 부착 위치에 끼워 넣고 니들 펠트용 바늘
로 콕콕 찔러 고정한다. ⇒ 50~51쪽 참조

7 전체의 균형을 확인하며 잘라서 마무리하면 완성.

ⓐ

ⓑ 정면

오른쪽

ⓒ

ⓓ 정면

오른쪽

83

강아지

시바견(붉은색)

⊙ 완성 치수(대략)
··· 가로 48㎜×세로 50㎜×두께 48㎜
⊙ 폼폼 메이커 ··· 45㎜

→ p.28~29

재료

본체	: iroiro (○1) (○3) (●4) (●5) (●49)
귀의 기초	: iroiro (●4)
귀의 안쪽	: 양모(흰색) ··· 소량
눈	: 나사형 눈(검은색 5㎜) ··· 2개
아이라인	: 양모(검은색) ··· 소량
코	: 양모(검은색) ··· 소량
코~입 라인	: 양모(검은색) ··· 소량

시바견(검은색)

⊙ 완성 치수(대략)
··· 가로 48㎜×세로 50㎜×두께 48㎜
⊙ 폼폼 메이커 ··· 45㎜

재료

본체	: iroiro (○1) (○3) (●47) (●49)
귀의 기초	: 양모(검은색) ··· 소량
귀의 안쪽	: 양모(멜란지 그레이) ··· 소량
눈	: 나사형 눈(검은색 5㎜) ··· 2개
아이라인	: 양모(검은색) ··· 소량
코	: 양모(검은색) ··· 소량
코~입 라인	: 양모(검은색) ··· 소량

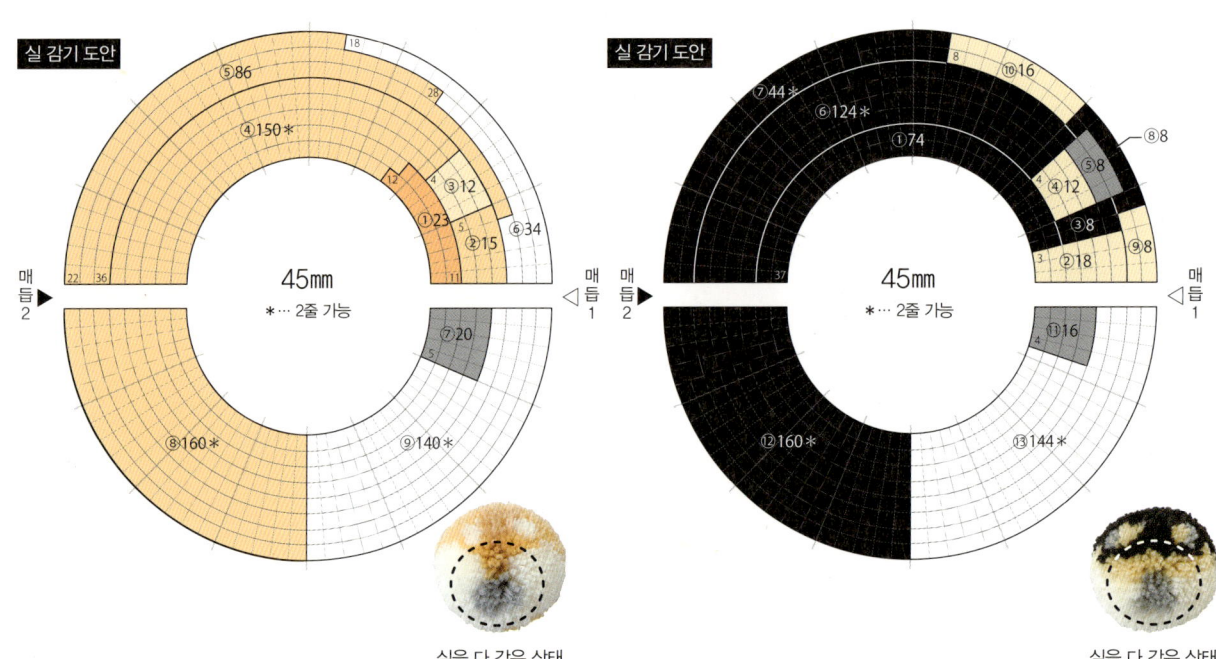

실 감기 도안 (왼쪽)
⑤86 ④150* 18 28 ④ 4 ③12 ①23 5 ②15 11 ⑥34 22 36 45㎜ *··· 2줄 가능 5 ⑦20 ⑧160* ⑨140*
매듭2 ▶ ◁매듭1

실 감기 도안 (오른쪽)
⑦44* ⑥124* ①74 8 ⑩16 ⑧8 ⑤8 ④12 ③8 3 ②18 ⑨8 37 45㎜ *··· 2줄 가능 ⑪16 ⑫160* ⑬144*
매듭2 ▶ ◁매듭1

실을 다 감은 상태

실을 다 감은 상태

만드는 방법

1 45㎜짜리 폼폼 메이커에 붉은색은 ①~⑨, 검은색은 ①~⑬의 순서로 실을 감은 뒤 레이스실(또는 가는 연출)로 묶어서 폼폼을 만든다. ⇒ 38~39쪽, 42~43쪽 참조

2 57쪽의 순서 2~5와 똑같은 방법으로 만든다.

3 귀를 만든다. ● 4번 실을 지정한 크기의 두꺼운 종이에 느슨하게 30회 감는다. 전체의 폭이 약 2.8㎝가 될 때까지 니들 펠트용 바늘로 찔러 연결하여 잘라서 귀의 기초를 만든다. 소량의 흰색 양모를 니들 펠트용 바늘로 콕콕 찔러 얇은 시트 모양을 만든 뒤 잘라서 기초 안쪽에 찔러 고정한다. 본체의 귀 부착 위치에 끼워 넣고 니들 펠트용 바늘로 콕콕 찔러 고정한다. ⇒ 48~49쪽 참조

검은색 시바견은 검은색 양모를 사용해서 귀의 기초를 만들고 멜란지 그레이 색상의 양모를 니들 펠트용 바늘로 콕콕 찔러 얇은 시트 모양을 만든 뒤 잘라서 기초의 안쪽에 찔러 고정한다. ⇒ 50~51쪽 참조

4 전체의 균형을 확인하며 잘라서 마무리하면 완성.

 포메라니안

⊙ 완성 치수(대략)

… 가로 48mm×세로 48mm×두께 45mm

⊙ 폼폼 메이커 … 45mm

재료

본체	: iroiro (○1) (●2) (●49)
귀의 기초	: 양모(흰색) … 소량
귀의 안쪽	: 양모(연분홍색) … 소량
눈	: 나사형 눈(검은색 5mm) … 2개
아이라인	: 양모(검은색) … 소량
코	: 양모(검은색) … 소량
코~입 라인	: 양모(검은색) … 소량

실 감기 도안

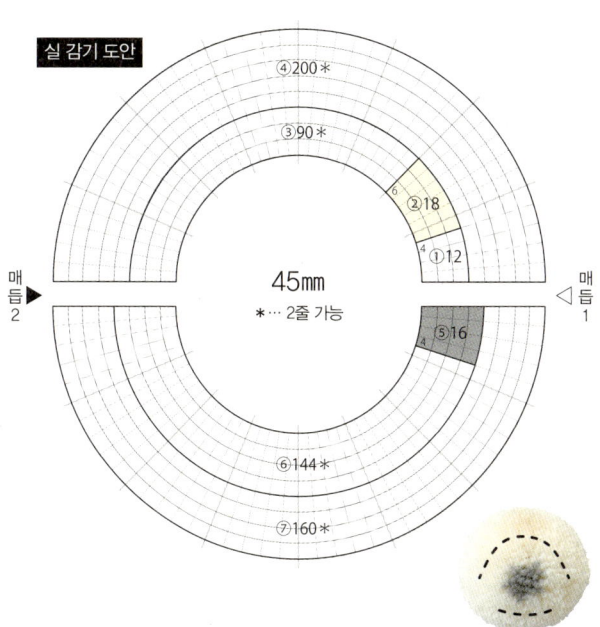

실을 다 감은 상태

만드는 방법

1 45mm짜리 폼폼 메이커에 ①~⑦의 순서로 실을 감은 뒤 레이스실(또는 가는 연줄)로 묶어서 폼폼을 만든다. ⇒ 38~39쪽, 42~43쪽 참조

2 63쪽의 순서 2~3과 똑같은 방법으로 만든다.

3 눈을 접착제로 붙인다. 검은색 양모를 사용해서 코를 만든 뒤 니들 펠트용 바늘로 콕콕 찔러 본체에 고정한다. 소량의 검은색 양모를 니들 펠트용 바늘로 콕콕 찔러 아이라인과 코에서 입으로 이어지는 라인을 넣는다. ⇒ 46~47쪽, 42~43쪽 참조

4 귀를 만든다. 흰색 양모를 사용해서 귀의 기초를 만들고 연분홍색 양모를 기초 안쪽에 니들 펠트용 바늘로 콕콕 찔러 고정한다. 본체의 귀 부착 위치에 끼워 넣고 니들 펠트용 바늘로 콕콕 찔러 고정한다. ⇒ 50~51쪽 참조

5 전체의 균형을 확인하며 잘라서 마무리하면 완성.

 골든 리트리버

⊙ 완성 치수(대략)

… 가로 65mm×세로 45mm×두께 50mm

⊙ 폼폼 메이커 … 45mm

재료

본체	: iroiro (●2) (●3) (●49)
귀	: 양모(연베이지) … 소량
눈	: 나사형 눈(검은색 5mm) … 2개
아이라인	: 양모(검은색) … 소량
코	: 양모(검은색) … 소량
코~입 라인	: 양모(검은색) … 소량

실 감기 도안

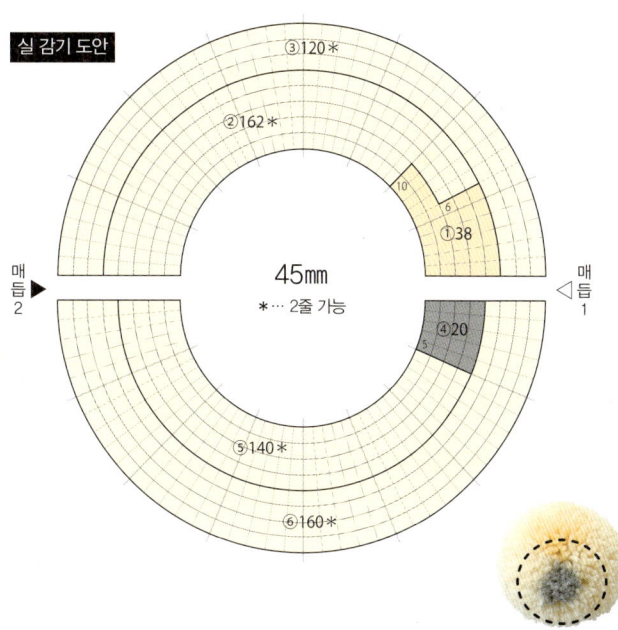

실을 다 감은 상태

만드는 방법

1 45mm짜리 폼폼 메이커에 ①~⑥의 순서로 실을 감은 뒤 레이스실(또는 가는 연줄)로 묶어서 폼폼을 만든다. ⇒ 38~39쪽, 42~43쪽 참조

2 실을 다 감은 상태의 사진에서 점선 부분(머즐)의 실을 니들 펠트용 바늘로 콕콕 찔러 중심으로 모은다. ⇒ 44쪽 참조

3 93쪽의 순서 3~5와 똑같은 방법으로 만든다.

4 연베이지 색상의 양모를 사용해서 귀를 만든다. ⇒ 50쪽 참조
귀 연결 부분의 한쪽을 안으로 접은 뒤 본체의 귀 부착 위치에 끼워 넣고 니들 펠트용 바늘로 콕콕 찔러 고정한다. ⇒ 51쪽 참조

5 전체의 균형을 확인하며 잘라서 마무리하면 완성.

＊실을 자르는 기준 / 귀 부착 위치 ⇒ 86쪽

귀 시바견(붉은색)

두꺼운 종이 가로 4.5㎝×높이 3.5㎝

＊패턴은 권말 참조

3.5cm

3.5cm

시바견(붉은색)

정면

오른쪽

위

왼쪽

아래

시바견(검은색)

정면

오른쪽

위

왼쪽

아래

포메라니안

정면

오른쪽

위

왼쪽

아래

귀 시바견(검은색), 포메라니안, 골든 리트리버

패턴 ＊권말 참조

골든 리트리버

정면

오른쪽

위

왼쪽

아래

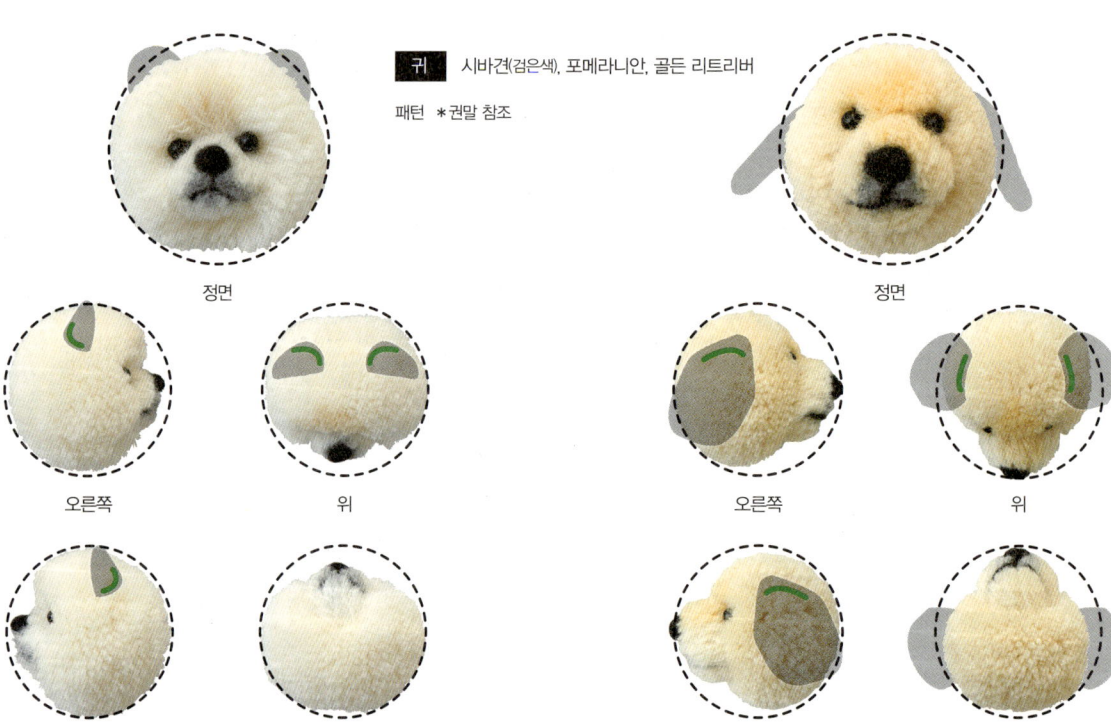

시베리안 허스키

→ p.33

⊙ 완성 치수(대략)

… 가로 68mm×세로 68mm×두께 68mm

⊙ 폼폼 메이커 … 65mm

재료

본체	: iroiro (○1) (●48) (●49) (●50)
귀의 기초	: 양모(멜란지 그레이) … 소량
	: 패브릭용 스탬프잉크(리얼 블랙)
귀의 안쪽	: 양모(흰색) … 소량
눈	: 크리스털 아이(크리스털 블루 6mm) … 2개
아이라인	: 양모(검은색) … 소량
코	: 양모(검은색) … 소량
코~입 라인	: 양모(검은색) … 소량

실 감기 도안

```
⑤⑩10
②66 *
⑧16
⑥222 *
⑤32
③90              ④12    ⑩74 *
①20        ⑨58

            65mm
뒤          * … 2줄 가능          정
쪽 ▶                              ◁ 면
                         ⑫22

    ⑭350 *            ⑬228 *
```

실을 다 감은 상태

귀 패턴 *권말 참조

만드는 방법

1 65mm짜리 폼폼 메이커에 ①~⑦의 순서로 실을 감아서 폼폼을 만든다. ⇒ 38~39쪽, 42~43쪽 참조

2 실을 다 감은 상태의 사진에서 점선 부분(머즐)의 실을 니들 펠트용 바늘로 콕콕 찔러 중심으로 모은다. ⇒ 44쪽 참조

3 실을 자르는 기준을 참고하여 2에서 모아 놓은 머즐 주위와 턱 밑의 실을 자르고, 여러 각도에서 모양을 확인하며 폼폼을 잘라 올록볼록한 얼굴을 만든다. 다시 니들 펠트용 바늘로 머즐을 콕콕 찔러 뭉친 뒤 잘라서 모양을 잡는다. ⇒ 45쪽 참조

4 눈을 접착제로 붙인다. 검은색 양모를 사용해서 코를 만든 뒤 니들 펠트용 바늘로 찔러 본체에 고정한다. ⇒ 46쪽 참조

5 소량의 검은색 양모를 니들 펠트용 바늘로 콕콕 찔러 아이라인과 코에서 입으로 이어지는 라인을 넣는다. ⇒ 47쪽 참조

6 귀를 만든다. 멜란지 그레이 색상의 양모를 사용해서 귀의 기초를 만들고, 흰색 양모를 니들 펠트용 바늘로 콕콕 찔러 얇은 시트 모양을 만든 뒤 잘라서 기초의 안쪽에 찔러 고정한다. 귀 안쪽 가장자리 부근을 패브릭용 스탬프잉크로 착색한 뒤 티슈나 자투리 천을 위에 대고 다림질한다. 귀 연결 부분의 한쪽을 안으로 접은 뒤 본체의 귀 부착 위치에 끼워 넣고 니들 펠트용 바늘로 콕콕 찔러 고정한다. ⇒ 50~51쪽 참조

7 전체의 균형을 확인하며 잘라서 마무리하면 완성.

실을 자르는 기준 / 귀 부착 위치

정면

오른쪽

위

왼쪽

아래

달마티안

→ p.30

⊙ 완성 치수(대략)

… 가로 80mm×세로 65mm×두께 70mm

⊙ 폼폼 메이커 … 65mm

재료

본체	: iroiro (○1) (●47) (●49)
귀	: 양모(검은색) … 소량
눈	: 크리스털 아이(크리스털 브라운 6mm) … 2개
코	: 양모(검은색) … 소량
코~입 라인	: 양모(검은색) … 소량
반점	: iroiro (●47) … 6cm×20~30줄

실 감기 도안

귀 　패턴 ＊권말 참조

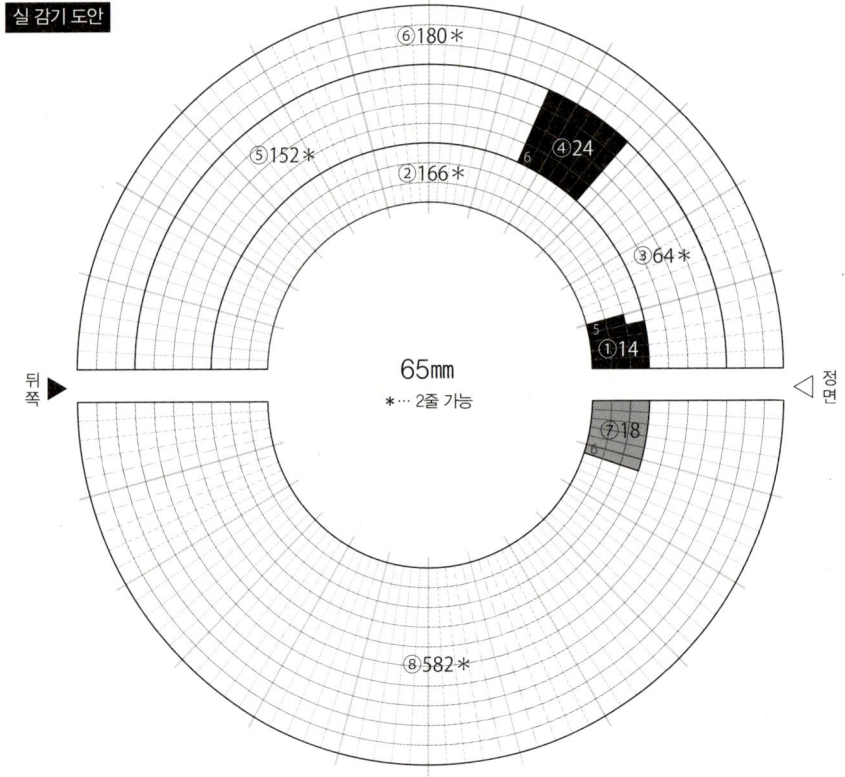

⑥180＊

④24

⑤152＊

②166＊

③64＊

①14

65mm
＊… 2줄 가능

⑦18

⑧582＊

뒤쪽 ▶

◁ 정면

실을 다 감은 상태

오른쪽

위

정면

왼쪽

아래

만드는 방법

1   65mm짜리 폼폼 메이커에 ①~⑧의 순서로 실을 감아서 폼폼을 만든다.
    ⇒ 38~39쪽, 42~43쪽 참조

2   ④의 부분이 양쪽 눈의 위치가 되도록 머리 꼭대기 부분에 시침핀을 꽂
    아서 표시한 뒤 얼굴 전체의 모양을 길쭉하게 자른다. 머즐 부분의 실을
    니들 펠트용 바늘로 콕콕 찔러 중심으로 모은다. 다시 여러 각도에서 확
    인하며 폼폼을 잘라 모양을 잡는다. ⇒ 83쪽 1~3번 참조

3   눈을 접착제로 붙인다. 지정한 색상의 양모를 사용해서 코를 만든 뒤 니
    들 펠트용 바늘로 찔러 본체에 고정한다. ⇒ 46쪽 참조

4   소량의 검은색 양모를 니들 펠트용 바늘로 콕콕 찔러 코에서 입으로 이
    어지는 라인을 넣는다. ⇒ 47쪽 참조

5   ● 47번 실을 6cm×20~30줄 정도 준비해서 반점을 넣고 싶은 부분
    에 1~2줄씩 실의 가운데 부분을 니들 펠트용 바늘로 콕콕 찌르고 여
    분을 잘라낸다. 반점을 크게 만들고 싶을 경우에는 실을 더 보태서 찔러
    넣는다.ⓐ

6   검은색 양모로 귀를 만든다. ⇒ 50쪽 참조
    귀 연결 부분의 한쪽을 안으로 접은 뒤 본체의 귀 부착 위치에 끼워 넣
    고 니들 펠트용 바늘로 콕콕 찔러 고정한다. ⇒ 51쪽 참조

7   전체의 균형을 확인하며 잘라서 마무리하면 완성.

래브라도 리트리버

 옐로

 블랙

→ p.31

⊙ 완성 치수(대략)

… 가로 80mm×세로 63mm×두께 68mm

⊙ 폼폼 메이커 … 65mm

⊙ 완성 치수(대략)

… 가로 80mm×세로 63mm×두께 68mm

⊙ 폼폼 메이커 … 65mm

재료

본체	: iroiro (●2) (●3) (●4) (●48) (●49)
귀	: 양모(연베이지) … 소량
	: 패브릭용 스탬프잉크(비스킷)
눈동자	: 크리스털 아이(크리스털 브라운 6mm) … 2개
흰자위	: 양모(흰색) … 소량
아이라인	: 양모(초콜릿색) … 소량
코	: 양모(초콜릿색) … 소량
코~입 라인	: 양모(검은색) … 소량

본체	: iroiro (●47)
귀	: 양모(검은색) … 소량
눈동자	: 크리스털 아이(크리스털 브라운 6mm) … 2개
흰자위	: 양모(흰색) … 소량
코	: 양모(검은색) … 소량
코~입 라인	: 양모(검은색) … 소량

실 감기 도안

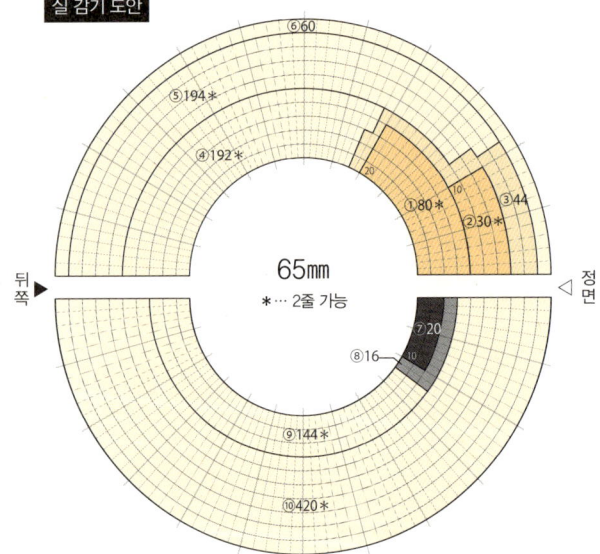

뒤쪽 ▶ 65mm *… 2줄 가능 ◁ 정면

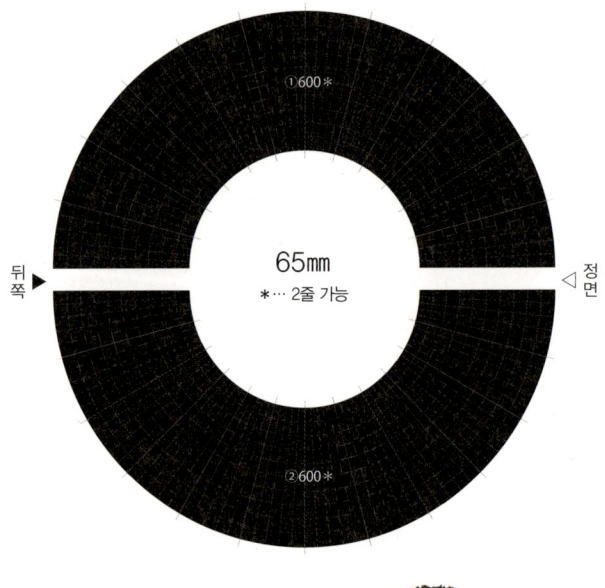

뒤쪽 ▶ 65mm *… 2줄 가능 ◁ 정면

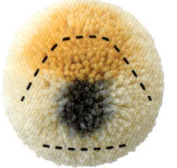

실을 다 감은 상태

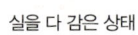

실을 다 감은 상태

90

정면

오른쪽

위

왼쪽

아래

정면

오른쪽

위

왼쪽

아래

귀 패턴 *권말 참조

만드는 방법

1 65mm짜리 폼폼 메이커에 옐로는 ①〜⑩, 블랙은 ①〜②의 순서로 실을 감아서 폼폼을 만든다. ⇒ 38〜39쪽, 42〜43쪽 참조

2 실을 다 감은 상태의 사진에서 점선 부분(머즐)의 실을 니들 펠트용 바늘로 콕콕 찔러 화살표 방향으로 모은다.ⓐ ⇒ 44쪽 참조

ⓐ 정면

오른쪽

3 실을 자르는 기준을 참고하여 2에서 모아 놓은 머즐 주위와 턱 밑의 실을 자르고, 여러 각도에서 모양을 확인하며 폼폼을 잘라 올록볼록한 얼굴을 만든다. 다시 니들 펠트용 바늘로 머즐을 콕콕 찔러 뭉친 뒤 잘라서 모양을 잡는다. ⇒ 45쪽 참조

4 눈을 접착제로 붙인다. 지정한 색상의 양모를 사용해서 코를 만든 뒤 니들 펠트용 바늘로 찔러 본체에 고정한다. ⇒ 46쪽 참조

5 소량의 흰색 양모를 니들 펠트용 바늘로 콕콕 찔러 흰자위를 넣는다.ⓑ 옐로는 초콜릿색 양모를 사용해서 아이라인을 넣는다. ⇒ 53쪽 참조

ⓑ

6 소량의 검은색 양모를 니들 펠트용 바늘로 콕콕 찔러 코에서 입으로 이어지는 라인을 넣는다. ⇒ 47쪽 참조

7 지정한 색상의 양모로 귀를 만든다. ⇒ 50쪽 참조
옐로는 귀 바깥쪽 가장자리 부근을 패브릭용 스탬프잉크로 착색한 뒤 티슈나 자투리 천을 위에 대고 다림질한다. 귀 연결 부분의 한쪽을 안으로 접은 뒤 본체의 귀 부착 위치에 끼워 넣고 니들 펠트용 바늘로 콕콕 찔러 고정한다. ⇒ 51쪽 참조

8 전체의 균형을 확인하며 잘라서 마무리하면 완성.

골든 리트리버

→ p.32

◉ 완성 치수(대략)

… 가로 80mm×세로 70mm×두께 68mm

◉ 폼폼 메이커 … 65mm

재료

본체	: iroiro (2) (●4) (●48) (●49)
귀의 기초	: iroiro (●4)
귀의 안쪽	: 양모(흰색) … 소량
귀털	: iroiro (●4) … 8cm×20줄
눈	: 나사형 눈(검은색 6mm) … 2개
아이라인	: 양모(초콜릿색) … 소량
코	: 양모(검은색) … 소량
코~입 라인	: 양모(검은색) … 소량
주름	: 양모(검은색) … 소량

※혀 : 양모(카메오 로즈) … 소량

실 감기 도안

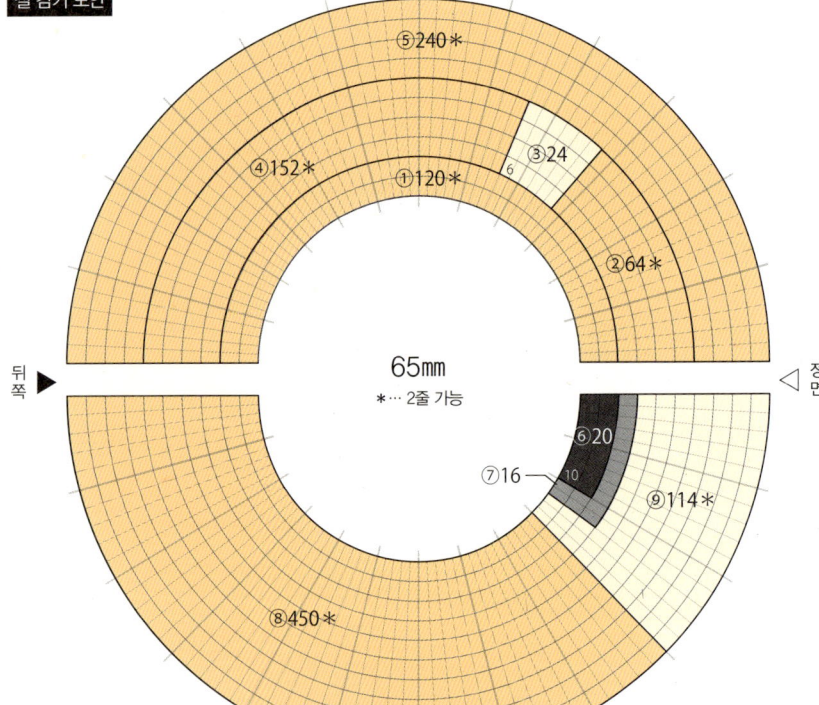

⑤240＊

④152＊ ①120＊ ③24
6

②64＊

65mm
＊… 2줄 가능

뒤쪽 ▶ ◁ 정면

⑥20
⑦16 10 ⑨114＊

⑧450＊

귀 두꺼운 종이 가로 7cm×세로 8cm

＊패턴은 권말 참조

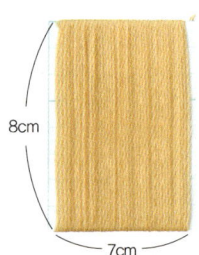

8cm

7cm

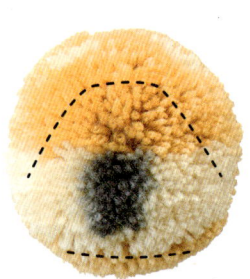

실을 다 감은 상태

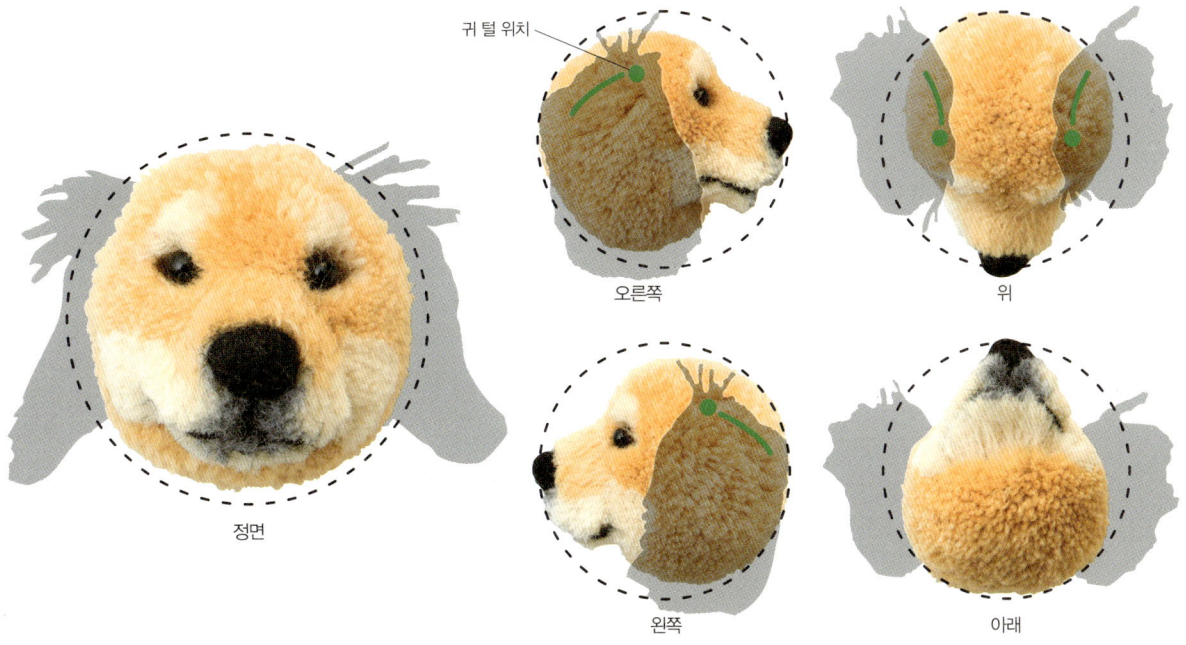

귀 털 위치

오른쪽

위

정면

왼쪽

아래

만드는 방법

1   65mm짜리 폼폼 메이커에 ①~⑨의 순서로 실을 감아서 폼폼을 만든다.
    ⇒ 38~39쪽, 42~43쪽 참조

2   91쪽의 순서 2~3과 똑같은 방법으로 만든다.

3   눈을 접착제로 붙인다. 검은색 양모를 사용해서 코를 만든 뒤 니들 펠트
    용 바늘로 찔러 본체에 고정한다. ⇒ 46쪽 참조

4   소량의 초콜릿색 양모를 니들 펠트용 바늘로 콕콕 찔러 아이라인과 코
    에서 입으로 이어지는 라인을 넣는다. ⇒ 47쪽 참조

5   귀를 만든다. ● 4번 실을 지정한 크기의 두꺼운 종이에 느슨하게 50
    회 감은 뒤, 밑에서 2cm 정도 남기고 전체의 폭이 약 5cm가 될 때까지
    니들 펠트용 바늘로 찔러 연결하여 잘라서 귀의 기초를 만든다. 소량의
    흰색 양모를 니들 펠트용 바늘로 콕콕 찔러 얇은 시트 모양을 만든 뒤
    잘라서 기초의 안쪽에 찔러 고정한다. 귀 연결 부분의 한쪽을 안으로 접
    은 뒤 본체의 귀 부착 위치에 끼워 넣고 니들 펠트용 바늘로 콕콕 찔러
    고정한다. ⇒ 48~50쪽, 69쪽 7번 참조

6   귀를 붙인다. ● 4번 실을 8cm×20줄 준비해서 각각의 귀 앞쪽 연결
    부분에 하나씩 가운데 부분을 니들 펠트용 바늘로 콕콕 찌른 뒤 자른
    다. ⓐ 1~3

7   전체의 균형을 확인하며 잘라서 마무리하면 완성.

    * 혀를 붙일 경우에는 지정한 색상의 양모를 니들 펠트용 바늘로 콕콕 찔러
      뭉친 뒤 입 부분에 찔러서 고정한다.

ⓐ-1

ⓐ-2

ⓐ-3

세인트 버나드

→ p.32

◉ 완성 치수(대략)

… 가로 80mm×세로 65mm×두께 68mm

◉ 폼폼 메이커 … 65mm

재료

본체	: iroiro (○1) (●7) (●11) (●48) (●49)
귀	: 양모(초콜릿색)
눈동자	: 크리스털 아이(브라운 6mm) … 2개
흰자위	: 양모(흰색) … 소량
아이라인	: 양모(검은색) … 소량
코	: 양모(검은색) … 소량
코~입 라인	: 양모(검은색) … 소량

실 감기 도안

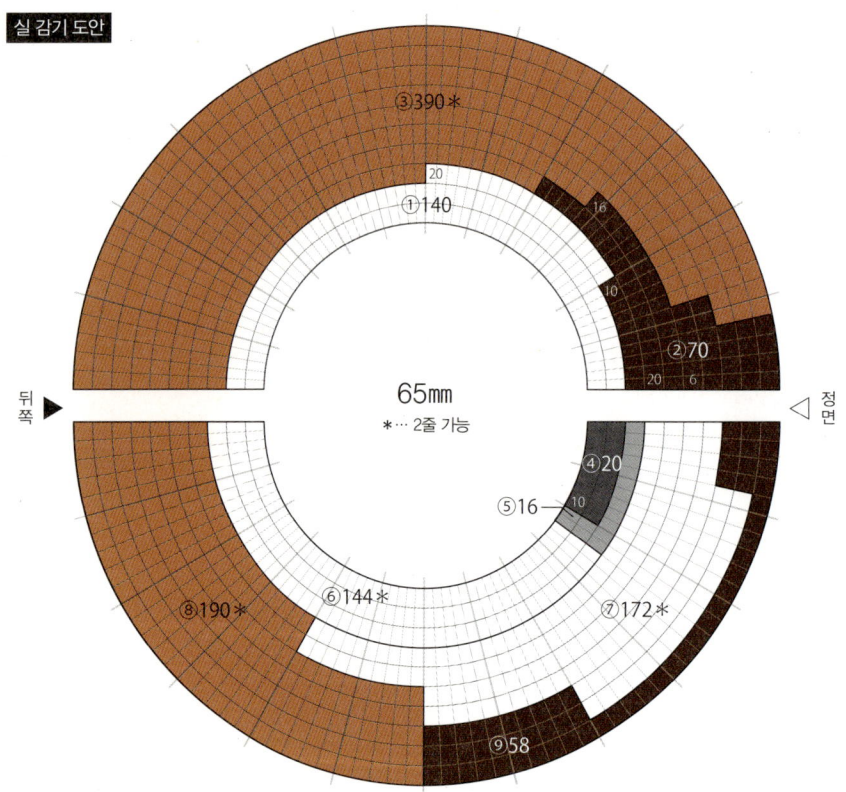

③390＊

①140

20

16

②70

10

20 6

④20

⑤16

10

⑥144＊

⑧190＊

⑦172＊

⑨58

뒤쪽 ▶

65mm

＊… 2줄 가능

◁ 정면

귀 패턴 ＊권말 참조

실을 다 감은 상태

오른쪽 　　　　 위

정면

왼쪽 　　　　 아래

만드는 방법

1 65mm짜리 폼폼 메이커에 ①∼⑨의 순서로 실을 감아서 폼폼을 만든다.
⇒ 38∼39쪽, 42∼43쪽 참조

2 실을 다 감은 상태의 사진에서 점선 부분(머즐)의 실을 니들 펠트용 바늘
을 사용하여 화살표 방향으로 콕콕 찔러 모은다.ⓐ ⇒ 44쪽 참조

3 실을 자르는 기준을 참고하여 2에서 모아 놓은 머즐 주위와 턱 밑의 실
을 자르고, 여러 각도에서 모양을 확인하며 폼폼을 잘라 올록볼록한 얼
굴을 만든다. 다시 니들 펠트용 바늘로 머즐을 콕콕 찔러 뭉친 뒤 잘라
서 모양을 잡는다. ⇒ 45쪽 참조

4 눈을 접착제로 붙인다. 검은색 양모를 사용해서 코를 만든 뒤 니들 펠트
용 바늘로 찔러 본체에 고정한다. ⇒ 46쪽 참조

5 소량의 흰색 양모를 니들 펠트용 바늘로 콕콕 찔러 흰자위를 넣는다. ⇒
91쪽 참조

6 소량의 검은색 양모를 니들 펠트용 바늘로 콕콕 찔러 아이라인과 코에
서 입으로 이어지는 라인을 넣는다. ⇒ 47쪽 참조

7 초콜릿색 양모로 귀를 만든다. ⇒ 50쪽 참조
귀 연결 부분의 한쪽을 안으로 접은 뒤 본체의 귀 부착 위치에 끼워 넣
고 니들 펠트용 바늘로 콕콕 찔러 고정한다. ⇒ 51쪽 참조

8 전체의 균형을 확인하며 잘라서 마무리하면 완성.

ⓐ 정면

오른쪽

95

◇ 당신은 언제나 옳습니다. 그대의 삶을 응원합니다. ─ 라의눈 출판그룹

폭신폭신 강아지 폼폼

초판 1쇄 │ 2018년 1월 25일

지은이 │ trikotri   펴낸이 │ 설응도
옮긴이 │ 박재영   펴낸곳 │ 라의눈

편집주간 │ 안은주   편집장 │ 최현숙
기획팀장 │ 김동훈   편집팀 │ 고은희
영업·마케팅 │ 나길훈   전자책 │ 설효섭
경영지원 │ 설동숙

종이 │ 한솔 PNS   디자인 │ 기민주
인쇄 │ 애드그린

출판등록 │ 2014년 1월 13일(제2014-000011호)
주소 │ 서울시 서초구 서초중앙로29길 26(반포동) 낙강빌딩 2층
전화번호 │ 02-466-1283   팩스번호 │ 02-466-1301
e-mail │ 편집 editor@eyeofra.co.kr
          경영지원 management@eyeofra.co.kr
          영업·마케팅 marketing@eyeofra.co.kr

ISBN 979-11-88726-06-6 13630

촬영   후쿠이 유코
디자인·장정   하다 이즈미, 오가와 게이코
편집 진행   후루이케 히카루
촬영 협력   AWABEES
              우 151-0051 시부야구 센다가야 3-50-11
              메이세이빌딩 5F
              TEL. 03-5786-1600
              UTUWA
              우 151-0051 시부야구 센다가야 3-50-11
              메이세이빌딩 1F
              TEL. 03-6447-0070
재료 협력(실)   요코타주식회사 DARUMA
              우 541-0058 오사카시 주오구 미나미큐호지마치 2-5-14
              TEL. 06-6251-2183 (대표)
              http://www.daruma-ito.co.jp
협력   클로버 주식회사
              우 537-0025 오사카시 히가시나라구 나가미치 3-15-5
              TEL. 06-6978-2211 (대표)
              http://www.clover.co.jp
              하마나카 주식회사
              우 616-8585 교토시 우쿄구 하나조노야부노시타초 2-3
              TEL. 075-463-5151 (대표)
              http://www.hamanaka.co.jp
              주식회사 쓰키네코
              우 101-0021 지요다구 소토칸다 5-1-5 스에히로JF빌딩 5F
              TEL. 03-3834-1080 (대표)
              http://www.tsukineko.co.jp

INU PONPON: KEITO WO MAITE TSUKURU HYOJO YUTAKANA DOUBUTSU by trikotri
Copyright © 2017 trikotri
All rights reserved.
Original Japanese published by Seibundo Shinkosha Publishing Co., Ltd.
Korean translation rights © 2018 Eye of Ra Publishing Co., Ltd.
This Korean edition is published by arrangement with Seibundo Shinkosha
Publishing Co., Ltd., Tokyo in care of Tuttle-Mori Agency, Inc.,
Tokyo through AMO Agency, Seoul.

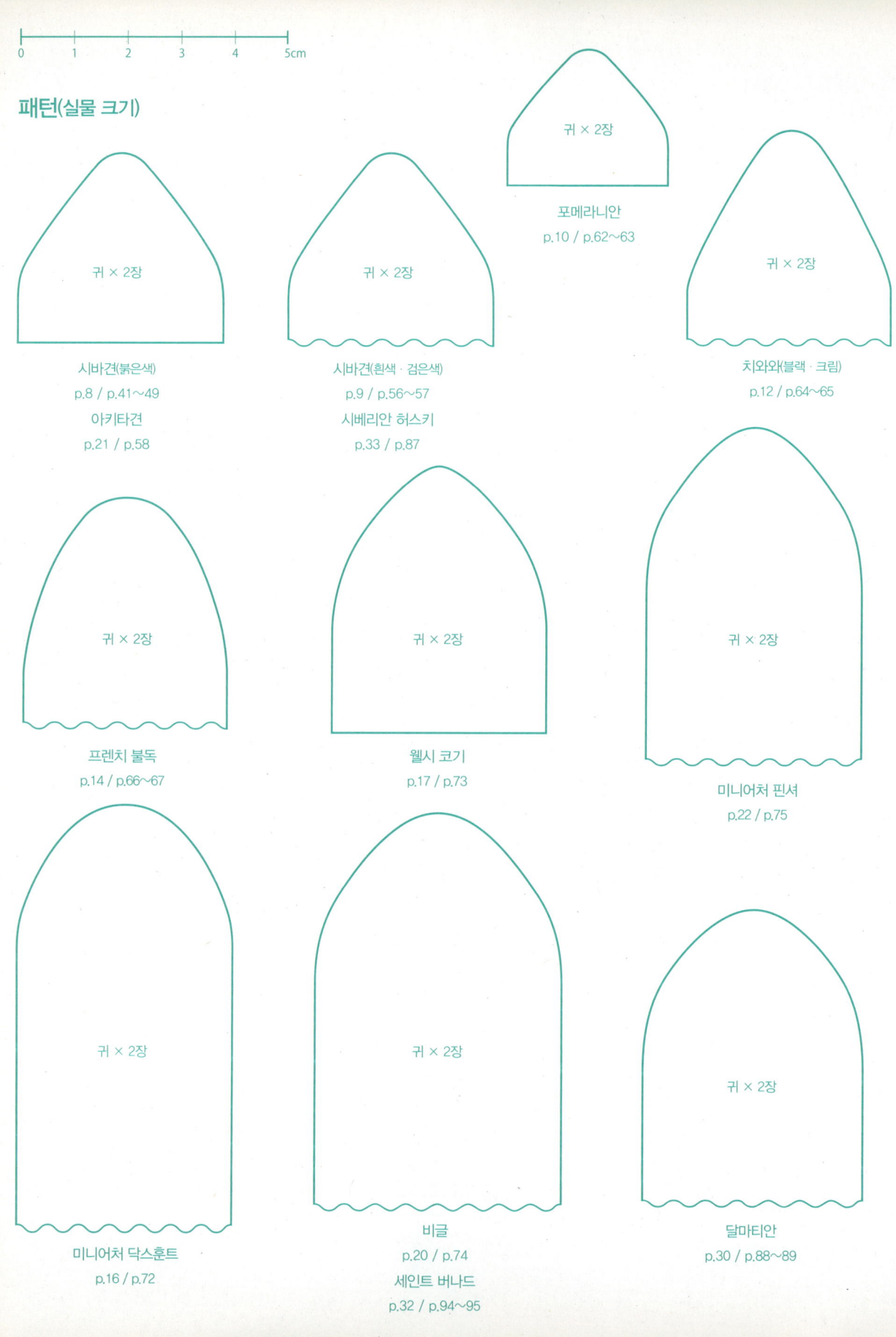

0 1 2 3 4 5cm

패턴(실물 크기)

귀 × 2장

포메라니안
p.10 / p.62~63

귀 × 2장

시바견(붉은색)
p.8 / p.41~49
아키타견
p.21 / p.58

귀 × 2장

시바견(흰색 · 검은색)
p.9 / p.56~57
시베리안 허스키
p.33 / p.87

귀 × 2장

치와와(블랙 · 크림)
p.12 / p.64~65

귀 × 2장

프렌치 불독
p.14 / p.66~67

귀 × 2장

웰시 코기
p.17 / p.73

귀 × 2장

미니어처 핀셔
p.22 / p.75

귀 × 2장

미니어처 닥스훈트
p.16 / p.72

귀 × 2장

비글
p.20 / p.74
세인트 버나드
p.32 / p.94~95

귀 × 2장

달마티안
p.30 / p.88~89

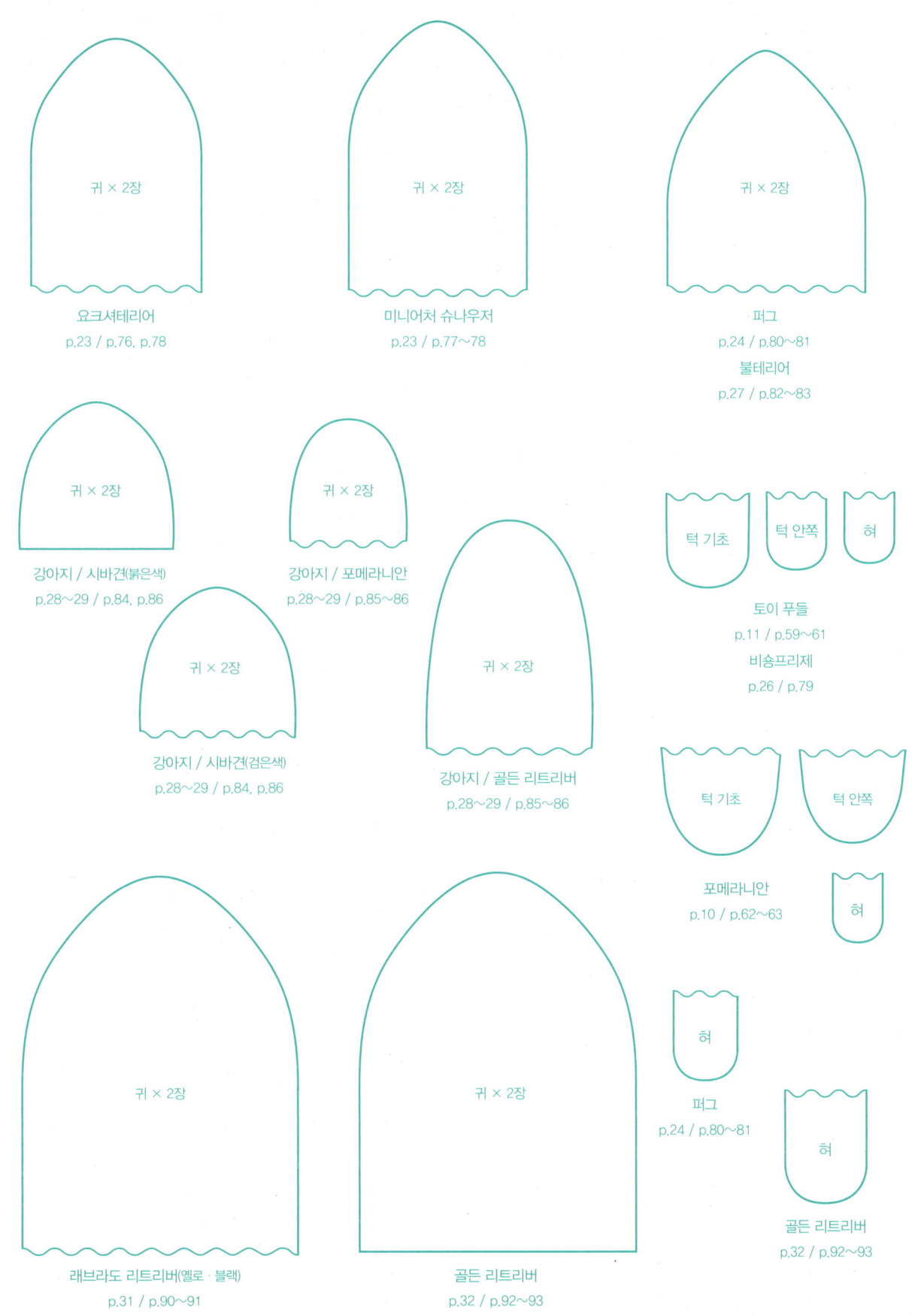

귀 × 2장

귀 × 2장

귀 × 2장

요크셔테리어
p.23 / p.76, p.78

미니어처 슈나우저
p.23 / p.77~78

퍼그
p.24 / p.80~81

불테리어
p.27 / p.82~83

귀 × 2장

귀 × 2장

강아지 / 시바견(붉은색)
p.28~29 / p.84, p.86

강아지 / 포메라니안
p.28~29 / p.85~86

턱 기초

턱 안쪽

혀

귀 × 2장

귀 × 2장

토이 푸들
p.11 / p.59~61

비숑프리제
p.26 / p.79

강아지 / 시바견(검은색)
p.28~29 / p.84, p.86

강아지 / 골든 리트리버
p.28~29 / p.85~86

턱 기초

턱 안쪽

포메라니안
p.10 / p.62~63

혀

혀

퍼그
p.24 / p.80~81

귀 × 2장

귀 × 2장

혀

래브라도 리트리버(옐로 · 블랙)
p.31 / p.90~91

골든 리트리버
p.32 / p.92~93

골든 리트리버
p.32 / p.92~93